最新版 100万円以下の資金で夢ツカモウ！「家賃収入」で若くしてセミリタイア&「豊かなジンセイ」を勝ち取る方法！

ふんどし王子（山屋 悟）著

はじめに

皆さん、こんにちは。ふんどし王子こと、山屋悟と申します。

この本は少ない資金（例えば100万円以下からでも！）で不動産投資を始めて、豊かな人生を築きたい！　という人に向けて書いたものです。

どうしてこのテーマにフォーカスしたかというと、勤め人時代のワタクシが一番知りたかった内容が、これだからです。

地方住みで高卒で、だけど誰よりも豊かな人生にあこがれていた過去の自分のような若者が、きっと今も日本中のあちこちにいると思います。

そんな同志のために、人生を変える方法を具体的に解説していくのが本書です。

簡単に自己紹介させていただくと、ワタクシは1985年生まれの35歳で、現在は富山県内で妻と息子2人の4人で暮らしています。

仕事は地元の工業高校を卒業後、14年間、ずっと車のエンジン部品を作る工場で働いてきました。三交代制で、単調な仕事です。

しかし、その仕事は2018年7月に退職しました。リストラや早期退職の募集に手を挙げたとかではなく、自分の意思で退職届を書き、上司に提出しました！

今でも鮮明に覚えていますが、辞表を出す前はとても緊張していました。

しかし、出してしまえばあっけないものでした。

その日の帰り道、富山の空は相変わらず曇っていましたが、世界が輝いて見えました。

会社を辞めてから見える景色はそれまでとまったく違って、もう一度人生が始まったような気がしました。

退職後、約1カ月をかけて友人のポールさんと世界一周旅行に出かけました。

日本を旅立ち、カンボジア、タイ、ドイツ、ポーランド、クロアチア、スペイン、カナダ、ニューヨーク、ラスベガス、ロサンゼルスと、10カ所を訪問しました。

生まれてからずっと富山在住で、社会人になってからは工場内の半径3メートル以内でほとんどの時間を過ごしていました。

東京に行くにもドキドキしていた自分が世界一周なんて、なんだかウソみたいでした。やろうと思えばなんだってできるんだ！　と思いました。

この時、多少無理をして世界一周旅行を実施して本当に良かったです。

2021年現在、同じことは出来ません。お金の問題ではなくなったのです。

人生は何をするにしても遅すぎることはありませんが、良いタイミングやタイムリミットがあるのも事実です。

充足の先送り（お楽しみは後にとっておく）も大事ですが、節約ばっかりしてタイミングを逃すのはもったいないですし、特に若い時にはいろいろなことを経験することも大事です。

お金は取り返せても時間は取り戻すことは出来ません。

働き続けるアリと、遊んでばかりのキリギリスの丁度よいバランスを取りながら「若くして豊かに引退する」ことを目指すことの意義は計り知れません。

コロナ禍の時代に、そんなことを特に強く思います。

サラリーマンを辞めて2年以上が経過しました。

「会社を辞めて困ったことはない？」とよく訊かれますが、順調に体重が増えていく以外は特にありません（笑）

仕事を辞めてから次男が生まれ、家の中はにぎやかになりました。

専業主婦（夫）という生き方が贅沢なものになった時代に、経済的に困らず、子供たちと一緒に過ごす時間が多くあることは素晴らしいことです。

妻が育児休暇中はランチなども良く行きました。

また、長男が腹痛で1週間ほど入院した時に、妻がずっと付き添うことになりました。病室は感染予防のため、次男は入ることが出来ません。

そのため、次男の保育園の送り迎えや家のことは、ワタクシが行いました。

こんな時、夫婦が今もフルタイムで働いていたらどうなっただろうと考えます。場合によっては収入が減少した可能性もあります。子供への負担も増えたかもしれません。その結果、ストレスで家庭内が険悪になることもあったでしょう。

ワタクシは不動産投資をしていたおかげで、時間と経済的な余裕があり、苦労なく乗り切ることが出来ました。そんな自分は改めて、恵まれているなと思いました。


ワタクシに時間と経済の自由をもたらしてくれた不動産投資ですが、現在はアパート6棟（32室）と戸建て5棟を所有しており、家賃収入は約2700万円あります。

その家賃収入から借金の返済分を引いた残りのお金（キャッシュフロー）は約1200万円あり、この中から自分に給料を払い、生活費にあてています。

物件の取得額は様々で、50万円で購入した戸建てから7200万円の新築物件まで幅広いスタンスをとっています。

今は家賃収入以外にもセミナーの講師料や、不動産投資のポータルサイトに連載しているコラムの原稿料といった収入もあり、会社員時代よりも財布にも心にもゆとりを持った生活ができています。

投資家仲間と語り合うＢＡＲが欲しいという夢も叶えることが出来ました。

ワタクシが今のような生活ができるようになったきっかけは、中学生のときに、兄にすすめられて『金持ち父さん　貧乏父さん』という本を読んだことでした。

その本で「アパートや貸家を買って、家賃収入を得る」という稼ぎ方を知り、23歳の時に不動産投資を始めました。

どうして地主でもなくエリートでもないワタクシが、大家になって会社を辞めても問題ない収入を得られるようになったのか？

詳しくは本書で説明していきますが、一番の理由は、「お金持ちになる！」と決めて、そのために行動したからだと思います。

実家は兼業農家で5人兄弟の末っ子に生まれ、工業高校を卒業して地元の製造業に就職したという背景だけ見れば、「そんなの無理でしょ」といわれる夢だったかもしれません。

でも、やってみたらできました。それは、自分のリミッターを外したからです。お金持ちを目指した当時、お金持ちになりたいと公言するのは正直、恥ずかしかったです。お金持ちになるのには特殊な才能が必要であり、凡人である自分には到底叶うはずはないと思っていたからです。また、大それた夢を語り、他人から「アナタには無理」と否定されれば傷つきます。

さらに日本においてはお金持ちを目指すことについて、「卑しい人」「金の亡者」などの価値観が根強くあります。

しかし、本書を読めば、特別な才能がない普通の人でも心のリミッターを外せば、小金持ちになることは可能だとわかると思います。

もちろん、ある程度の努力や勇気は必要です。ワタクシも20代の遊びたい盛りに、仲間からのパチンコや飲み会を断り、安い中古車に乗り、お金を貯めていました。そして、借金をして収益不動産を購入しました。少なくとも職場には、同じような人は一人もいませんでした。

それでもコツコツ続けてきた結果、家賃収入だけで生きていけるようになり、会社員を卒業することができたのです。

こう書くと、自分でもよくやったなあと思います（笑）。

この本を手に取ったあなたは、会社員生活に行き詰まりを感じているかもしれません。もしくは、コロナによって収入が激減する憂き目にあい、見通しがたたない未来に不安を感じているかもしれません。

きついと思います。でも、このような状況であるからこそ、ワタクシは安易に「退職した方がいいですよ」というつもりはありません。

どうしても辞めたいなら辞めても良いと思いますが、「何となく嫌だ・・・」と思う程度で辞めるのはもったいないと思います。

サラリーマンの属性で借りられるローンはいくつもあることを考えると、そこには一定の価値があります。

希望退職の募集があっても、準備が整うまでしがみつくことも必要です。（逆に言うと、給料に頼らず生きていけるようになっているなら、割増の退職金が貰える希望退職はセミリタイアの最良のタイミングになると思います）。

また、新卒で入る会社が条件的に一番良いことは珍しくありません。

ワタクシは転職の経験はありませんが、転職しても「サラリーマンという労働者カテゴリー」で働き続ける限り、生活はそんなに変わらないと思います。勢いで今いる会社を飛び出す前に、一度立ち止まって、何かよい方法がないか考えてほしいと思います。

具体的には、不動産投資や別の「副業」でお金を稼いでみて、それから方向を決めるのが良いのではないでしょうか（副業禁止規定も今後緩和されていくと思います）。違う畑を見てみることで、世の中の仕組みが違って見えますし、視野も広くなります。もしかしたら他社や副業の稼ぎからすると、今の職場は恵まれていると感じるかもしれません。

副収入を得ていつでも辞められると思ったら、会社で言いたいことを言えるようになり、ストレスは減り、評価が上がったという人もいます。

同じ「サラリーマンを続ける」という決断でも、そうすることを「選ばない」のと、「選べない」のでは見える景色が全く違ってきます。

生活に困らないお金があれば、働き方の選択肢は無限に増えます。

思い切って長期の休暇をとってみるのもいいですし、給料などの条件はよくないけれど、憧れていた業界で働くといった自由も手に入ります。

また、学歴や資格が足りなくてなりたい職業に就けなかったのなら、再度学び直すのもいいと思います。


ないものねだりをしても仕方ありません。

自分の手札を見直して、使えるカードを切っていきましょう。カードが足りないなら、不動産投資で収入源をひとつ増やすというのはいい方法ではないでしょうか。

とはいえ、お金は目的ではなく「選択肢を増やすため」のチケットのようなモノ。お金を追いかけることに夢中になって、大切なものを失ったり、ストレスを溜めたりするようでは本末転倒になってしまいます。

ですから、この本では「お金を増やす方法」だけでなく、人生を楽しむための考え方や、広い意味で豊かに生きるためにワタクシが実践してきた内容なども、お伝えします。


本書は、「お金」に縛られない人生を求めている方、起業を目指す方（その前のリスクヘッジとして収入源を作っておきたい方）、自分の人生はこのままでいいのだろうかと不安を抱えている方たちに、特に参考になる内容だと思います。

不動産収入だけで生きていくセミリタイアは考えていないという方でも、給料プラスαの収入を作りたい、豊かな老後を迎えたいという気持ちがあるなら、きっと役に立つはずです。

「このままではマズイ」と感じている皆さんは、量産型のサラリーマンより、高い感受性を持っています。

その勘を見逃さず、人生を自分の手で動かすために、行動していきましょう。

「同じことを繰り返しながら、違う未来を望むのは狂気である」とどこかの偉い人が言っていました。

望む未来に向けて、今日から、何を変えていけばいいのか？

この本が、読者の皆様の新しい未来へつながる地図となれば嬉しく思います。

ふんどし王子こと　山屋 悟

※本書は、2019年3月に同社より刊行された同名タイトルを改題し、コロナ禍時代に準ずる内容に編纂・加筆・改訂したものです。

ふんどし王子の購入物件

※売却済物件含む。

1、賃貸併用住宅（射水市）

H21年11月新築／2500万（土地1000万、建物1500万）／家賃15万（7万+8万）／年収180万／利回り7.2%／融資（借換後）金利0.7%　35年返済

リフォーム前

2、個人中古アパート1号（富山市）

H23年5月取得／H29年1月売却（2250万）（保有中に外壁塗装などで150万程度修繕）／築21年（H8年築）／価格1200万（諸費用等100万程度プラス）／家賃21万／年収252万／利回り21%

引き渡し時
（売主側でリフォームをしてくれた）

3、法人区分マンション1号（高岡市）

H24年4月取得／H25年8月売却／築34年（S63年築）／購入140万／売却230万／家賃3.6万／利回り30.8%

4、法人区分マンション2号（富山市）

H26年6月取得／H27年8月売却／築26年（H3年築）／購入170万／売却230万／3.5万で賃貸／年収42万／利回り24.7%

5、法人区分マンション3号（富山市）

H26年12月取得／H27年8月売却／築26年（H3年築）／購入110万／売却198万／3.2万で賃貸／年収38.4万／利回り34.9%

6、法人中古アパート1号（富山市）

H25年3月取得／H28年8月売却／築20年（H9年築）／購入2550万／売却3300万／月38万（8部屋）／年収456万／利回り17.8%（保有中250万程度かけて塗装と内部リフォームを実施）

7、個人中古ガレージハウス（滑川市）

H28年3月取得／築27年／価格200万+リフォーム200万（風呂新設、汲取りから水洗へ）=合計400万／家賃6.5万／年収78万／利回り19.5%

8、個人転貸物件1号（富山市）

H28年5月取得／築65年（S26年築）／S63年に風呂、トイレ増築／物件価格65万／リフォームと取得費35万／ポールさん30万／合計130万／家賃4万（折半）／年収48万／利回り36.9%

9、個人転貸物件2号（富山市）

H28年10月取得／築52年／物件価格50万／税金など諸費用などで合計60万（再建築不可、未登記）／ポールさんのリフォーム20万／家賃4万（家賃折半）／年収48万／利回り60%（80万に対して）

11、法人中古マンション1号（富山市）

H29年1月取得／価格1200万／家賃23.6万／年収283.2万／利回り23.6%／築28年(H1年築)／H31年1月2450万円で売却

10、法人新築戸建（富山市）

H28年12月新築／1200万（土地200万、建物1000万）／（1650万で一度買付あり）／家賃10.4万／年収124.8万／利回り10.4%

12、法人新築アパート1号（滑川市）※同じ敷地内に2つのアパート

H29年6月新築／4100万（土地630万、建物（2つ合計）3470万）／家賃（2つ合計）月35.6万／年収427.2／利回り10.4%

13、法人新築アパート2号（射水市）

H30年1月新築／6100万（土地800万、建物5300万）／家賃月収53.6万／年収643.2万／利回り10.5%

14、法人中古アパート＋戸建て（富山市）

H30年1月取得／築22年(H8年)／3,500万円⇒1,000万円指値で2,500万円(2つまとめて購入)／リフォーム200万円(内装、塗装、設備などで)／家賃49万円(2つの合計)／年収588万円／利回り23%／H31年2月3800万円で売却

(アパート部分)

(戸建て部分)

15、個人所有倉庫

H29年取得自己使用→H31年賃貸開始／価格120万円／家賃月2万／年収24万円／利回り20%

16、法人新築アパート3号（富山市）

R2年5月新築／7200万（土地1000万、建物6200万）／家賃月収61万／年収732万／利回り10.1%

17、法人新築アパート・屋根太陽光（富山市・射水市）

R2年5月アパート屋根に設置／700万（二箇所）／家賃月収6.5万／年収78.4万／利回り11.2%／14円/kWhで20年間の固定価格買取制度（FIT）

18、法人新築アパート4号（滑川市）

R3年6月新築完成予定/4500万（土地400万、建物4100万）／家賃月収37.8万／年収453.6万／利回り10%

◇目次

第1章　お金を生み出すチカラ　～まずは身の回りからはじめる～

第2章 お金を働かせるチカラ 〜100万円以下から始められる大家人生〜

第3章 低資本から小金持ちになった仲間たち

第4章 マスターマインドで成長が加速する

第5章 これからの日本は「貨幣（おカネ）」経済から「信用（ヒト）」経済へ

新章

コロナで浮彫になったサラリーマンリスク、今こそ給料以外の財布をもとう！

ワタクシたちが思っているより、世の中の変化のスピードは速いものです。

日本が右肩上がりだった時代には、「組織に所属してマジメに働く」ことが、正解でした。

しかし、組織そのもののパワーが弱まった今、一人ひとりが自分の暮らしを守るために知恵を働かせ、行動を起こすことが求められます。

この章では、コロナ時代のサラリーマンがこの先の人生を幸せに生きるためのヒントを書きました。

後半にはよく質問される35のテーマについて回答しています。

変化の裏側にはいつもチャンスがあります。

恐れる必要はありません。時代に合った行動をして、チャンスをものにしていきましょう。

1 一度転がり落ちると戻るのが容易でない日本

ワタクシの入居者で2020年から滞納が始まった方がいました。滞納家賃の合計は約42万円。催促のメールや手紙、家庭訪問をしていました。

最初は連絡が取れなかったのですが「連絡がない場合は、弁護士に相談し強制執行の準備を始めます」とＬＩＮＥしたところ、返事が来てファミレスで面談することになりました。

すると、本業のトラブルや、投資の失敗などで追い詰められていることがわかりました。

光熱費も滞っている状態だったので、ワタクシの仕事を手伝って頂くことにしました。日当2万円で、即日現金1万円渡し、残りの1万円は滞納家賃と毎月の家賃に充てるという提案をしました（家賃も6・5万円から4・5万円に減額です）。面談をしたファミレスで支度金として5万円渡すと、目をウルウルさせながら喜んでくれて良かったです。

翌日から鍵の交換、庭の整備などお願いするととても熱心に働いていただけました。また、手付かずだった戸建ての片付けをお願いすると物凄いスピードで進みました。1週間ほど手伝って頂きましたが、ワタクシとは別の仕事も受けたりして徐々に立て直しが進んでいるそうです。

仕事を頼んでみてわかったのは、この人に特に大きな問題があったわけではないということです。

ギャンブルとかお酒とかで身を崩したのではなく、本業での行き詰まりと投資での失敗が重なったことで、人生が狂ってしまったのです。

景気のいい時代なら、問題なく幸せに暮らせていたと思います。

実際、家賃も最初の3年間は滞納もなく支払ってくれていました。

今の日本では、こういう人が一歩足を踏み外すと、生きるのも難しくなるような事実があります。

そして今後、新型コロナの影響で、普通の人から貧困層に転落する人はますます増えていくはずです。

そんな中で、これまで以上にお金の知識が必要になっています。

経済的に自立して、家庭や生活を防衛することが大事です。

2 お金のことを学ばないまま社会に出て困る人たち

日本はいつの間にか、普通にやっているだけで豊かに暮らすことが難しい国になりました。

お父さんが働いて、お母さんは専業主婦で、マイホームを建てて、車を買って、子供たちを大学まで出して、老後も安泰。

少し前まで、そんな時代があったなんて、信じられません。

政府は色々と対策をするべきだと思いますが、その時に大切なのが、魚を与えるのではなく魚の取り方を伝えることではないでしょうか。

例えば、学校教育にお金の授業を取り入れていくことが必要だと思います。社会に出て何もわからない若者が、クレジットカードのリボ払いにはまったり、その結果、滞納による信用情報のブラック化に陥ったりしています。

この失敗は、その後の人生に多大な影響を与えるのですが、学校教育では教えないため、同じ過ちを繰り返す人が後を絶ちません。

ワタクシの元同僚にも、携帯電話料金の滞納で信用情報に傷が付き、住宅ローンが通らなかった人がいました。

これは、携帯料金には通話料だけでなく、「携帯端末の分割代金」が含まれているからです。

家電量販店で商品を購入する際に、月賦払いにしたものを踏み倒すようなものです。銀行などの金融機関はローンを申し込んだ人等の信用情報を照会するときに、ＣＩＣや全国銀行個人信用情報センター、日本信用情報機構を活用します。

少額でも支払わなかった場合、その記録が5年間保存されます。（クレジットカード、ショッピングの分割、住宅ローン、マイカーローン、消費者金融での借り入れ履歴などすべて出ます）。

クレジットヒストリー（信用の歴史）はとても大事なものですが、それを知っている人は、どれだけいるでしょうか。

お金がなくなり、生活に困ったときにどうしたらいいかも、学校では教えません。答えをいうと、お金の面では「困る前に相談する」ことが重要です。早めに相談することで、最悪の事態を免れやすくなります。

ローン返済についても、滞納が始まる前であれば、リスケジュールと言って、返済条件の変更など柔軟に対応してくれます。

特にコロナ禍においては政府から救済するようにお達しが来ています。

一番よくないのは、何の連絡もなくお金の支払いを止めてしまい、相手からの手紙や電話などを一切無視することです。

そうなると、金融機関側も粛々と債務不履行による「期限の利益喪失」をもって担保に入っている住宅の処分や、給料の差押えなどにとりかかります。

また本当に困ったときの年金（遺族年金や障害者年金）や失業保険、生活保護などの社会保障制度は、インターネットを検索すればホームページに載っていますが「検索ワード」を知らなければたどり着けません。

最悪、自己破産という手もあります。

こうしたことは、自分から情報を取りにいかなければ、もしくは知っている人に教えてもらわなければ知ることができないため、多くの人が金銭的に追い込まれると、精神的にも追い込まれてしまいます。

3 収入のポケットを増やそう

ワタクシの友人で同じ時期にサラリーマンを卒業し、今は専業大家をしているポールさんは、こんなことを言っていました。

「コロナだろうが、リーマンショックだろうが、好景気だろうが、困っている人はいつも困っている」

ポールさんはもともと児童養護施設で働いていたため、様々な理由から経済的に困った方と付き合ってきています。だからこそわかることがあるのだと思います。

金持ち父さん貧乏父さんのロバートキヨサキさんは「お金持ちは好景気でお金持ちになり、不景気ではもっとお金持ちになる」と言っています。

不景気になると、割安に不動産やビジネスが放出されてバリュー投資家は含み益のある資産を買うだけでお金持ちになります。

つまり、時代の波に翻弄されて貧しくなる人がいる一方で、どんな時代でも豊かになる人がいるということです。

そして、今の日本では「みんなと同じ」ように生きていたら、間違いなく貧しくなっていきます。

それを避けるためには、お金の勉強が必要です。

下りのエスカレーターから降りるために、書籍やネットや自分の力で資産を増やしている人から学ぶことです。

コロナを機に、日本でもリモートワークが加速しました。

通勤や職場の人間関係がつらくてセミリタイアを目指していた人の中には、在宅勤務ならこのまま会社員を続けるのもいいかな、と思った人もいるかもしれません。色々な考えがあっていいと思います。

大切なのは、「この会社で働かなくては生きていけない」という依存状態から抜け出して、働いてもいいし働かなくてもいい、という選択肢を持てる自分になることだと思います。

いきなり不動産投資を始めなくても、まずは何か、給料以外の収入を作ることを目指してみてください。

そのための情報は世の中にあふれています。

4 副収入を得ることのメリットは計り知れない

ワタクシが経済的自立を果たすための道具に使ったのは、不動産投資でした。

サラリーマン時代に給料とは別にキャッシュフローが50万円ほどあった時はとても豊かな気持ちでした。

副収入があることのメリットは、計り知れません。

お金ももちろんですが、自分の場合、不動産収入を得る過程で学んだ金融や税金、決算書を読む知識などは資本主義を生きる上で、大きな財産になりました。

世の中の仕組みを勉強する中で、なぜ政府は損益通算や経費算入などを認めているのかということを疑問に思いました。

答えは「投資や事業する人を求めている」からでした。

雇用されている人ばかりでなく、雇用を生み出し、投資をして、経済を回す人が求められています。

不動産投資家も例外ではありません。

居住を提供することの価値に加え、例えばアパートを建築すれば、様々な業界に経済効果が波及します。（設備、建材、外壁、サッシ、電気、上下水、外構工事・・・ｅｔｃ）

５０００万円の融資を引いてアパートを建築すると、世の中に出回る「お金の総量」が増えます。しかも一回転では終わりません。

つまり、事業をする人は、売り上げや所得（雇用）を生み出すことで、世の中に貢献しているといえるのです。

時々、不動産収入を得ている人をズルいと考える人もいます。

でも、考えてみてほしいのです。リスクをとっている投資家と、毎年同じ仕事をして「給料を上げろー！」と交渉する労働者ではどちらがズルいのでしょう？

ズルいと感じる気持ちの奥には、うらやましさが隠れているのかもしれません。

だったら、「ズルい」という代わりに、「自分も不動産収入を得たいので、やり方を教えてほしい」と素直に口に出した方が、人生はいい方向に進むのではないでしょうか。

ワタクシは、お金持ちになりたい、そして豊かに暮らしたいと願い、行動する人は、とてもカッコいいと思います。

そして、それは決して夢物語ではなく、覚悟を決めれば誰にでもできることだと思います。

30代前半で豊かにセミリタイア生活を過ごす「ふんどし王子」への〝35〟の突撃質問!!

ここからは、私の1冊目、2冊目の本の読者さんや、SNSのフォロワーさんからいただいた質問にお答えさせていただきます。

35の質問とさせていただいたのは、私が35歳（本書出版時）だからです（笑）。

不動産投資の勉強中も、行動を始めてからも、わからないことはどんどん出てきます。そんな時はまず本やネットで情報収集をして、自分の中で仮説を立ててから、先輩大家さんに訊いてみるのがいいと思います。

一人で悩んでいたことが人に聞くことでスパッと解決することはよくあります。そして何より大切なのは、答えを聞いて終わるのではなく、行動につなげることです。質問上手になって、大家として成長していきましょう。

Q01 セミリタイアした後の率直な感想を教えてください。

A 朝の目覚まし時計からの解放は清々しい気分です。若くして豊かに引退した価値観の近い仲間たちと遊ぶのも楽しいです。同じ額の生活費を入れるなら、会社員で忙しくて家にいない夫より、専業大家で子供を見てくれる夫の方が嬉しいと妻も言っています。

ただし、叱ってくれる人がいなくなるので、自分を律する気持ちが必要です。好きなことだけしていたら、食べ過ぎと運動不足で健康を損ねるかもしれません。

また、セミリタイア生活は飽きるという人もいます。そうしたらまた働くのもいいと思います。自分がまた働くなら、次は自己実現やスキルになること、社会貢献になることをしたいです（給料や福利厚生で仕事を選ぶのではなく）。職業が画家や音楽家、クリエイター系ならこんなに恵まれた環境はないと思います。

Q02 サラリーマンを辞めたら融資が通らなくなりませんか？

A サラリーマンの属性に頼って融資を受けていた方や、そうでなくても債務超過状態になっている方は融資が止まる可能性があります。事業として認められており債務超過状態でない方なら会社をやめても問題なく融資を受けられます。むしろ、スルガ銀行の不正発覚以降はサラリーマンよりも事業者の方が融資が通りやすい印象です。

Q03 役員報酬6万円では生活できないのでは？

A 役員報酬以外にも、個人で所有する不動産からの家賃収入や法人への役員貸し付けの返済分があれば、生活には困りません。また、パートナーが働いていれば生活費はそちらの収入で賄うというやり方もあります。その他、旅費規程の活用など、課税されず法人から個人へとお金を移す方法は複数あります。

Q04 会社員を卒業することで、個人の与信を失うデメリットはどう考えますか？

A パートナーの収入によっても戦略は変わると思いますが、自分の場合は会社を辞める前に個人で通せる融資（住宅ローン、マイカーローン、フリーローンなど）を通しておくことや、クレジットカードを必要枚数分作っておくことでデメリットを補いました。デメリットよりもメリットが多いと判断して会社を辞めましたし、後悔もありません。

Q05 法人を設立すると、設立費用、維持費で負けてしまいませんか？

A

法人を設立した当初は赤字になることもあります。ただし、次のようなメリットが得られますので、デメリットとメリットのバランスを見て決めればいいと思います。

①税理士を使って決算書を作ることによる信用アップ
②保証人を代表者保証にすることによって、一人二役ができる
③累積赤字を作っておくことにより、利益が出たときに相殺できる
④法人設立費用や、維持費を稼ごうと行動力が増す
⑤代表取締役や、代表社員になることによる事業者としてのマインドが出来る
⑥短期譲渡、長期譲渡に縛られず売却するタイミングを計れる
⑦利益に対する節税方法が個人より多くある（経営セーフティ共済など）
⑧サラリーマンを辞めたときに新規法人や新規創業の個人ではなく、数期を過ぎた法人の代表取締役にジョブチェンジが出来る（セカンドキャリア）

Q06 法人化のタイミングはいつがベストだと思いますか？

A

個人の税率は累進課税です。所得税が23％（その前は20％、その次は30％）のステージ

を超えるようであれば、法人設立を検討するのがいいといわれています。（その理由や詳細については吉川英一さんの『億万長者より手取り1000万円が一番幸せ!!』（ダイヤモンド社）を読んでください）。

法人を設立するメリットは税金だけではなく、銀行からの評価アップなど有利な面もあることから、個人的には早めの設立をオススメします。（Q5を参照）

Q07 妻が投資に反対した場合はどうすればいいでしょうか？

A
自分の貯金やへそくりでスタートして、上手く行ったら通帳を見せつつ理解を求めるのが王道です。その上で一緒にセミナーに参加したり、YouTubeを見たりすることで、投資へのハードルを下げられるかもしれません。
とはいえ、ロバート・キヨサキさんも、「人の考えを1オンス変えるには、1トンの力が必要だ」と言っています。一般的な教育を受けてきた人からすると「不動産投資を始めたい、借金したい」は抵抗があって当然だと知りましょう。
また、「投資は良くわからないけどあなたがやりたいのなら応援する」と言われるくらい、パートナーとして信頼されるよう努力することも大切だと思います。

Q08 不動産投資は、頑張ればそれなりにリターンを得られるものでしょうか？

A

不動産は株や債券に比べて安定性と利回りのバランスが良いと思っています。株は値動きが激しく、配当狙いでも出口で決まってしまいますし、債券の金利は数%です。株や債券にペンキを塗っても価値は上がりませんが、物件は修繕や改善をして付加価値を上げることが出来ます。自分でコントロール出来ることが不動産の良いところであり、正しい知識を持ち行動を続けることができれば、確実性が高い投資法ではないでしょうか。

Q09 製造業から不動産投資家になるために、始めたことや辞めたことを教えてください。

A

最初は不動産関連の本を100冊近く読み、投資家の書いているブログや健美家コラムを読み漁りました。また、天引き貯金をする、中古車に乗る、実家から通うなど「お金が貯まる仕組み」の中で生活するようにしました。出費を抑えるために禁煙し、パチンコに行くのもやめました。

一方で、異性との交際などは独身時代しかできないので、削るべきではないと思います（笑）。「苦行の先に明るい未来がある」という考えは危険だと感じています。楽しみながら成長するのが好ましいのではないでしょうか。

Q10 自分に不動産投資の適性があるか試したい場合は、どうしたら良いでしょうか？

A 区分マンションや小さな戸建てなど、失敗しても泣ける程度の金額からスタートするのがいいと思います。区分マンションや値段の安い戸建ては流動性が高く、撤退する場合も大きな損を出さずに終えられる可能性が高いためです。（大がかりなリフォームが必要な廃墟物件や山奥にあるなど売れない物件を買わないよう注意してください）。

Q11 種銭の貯め方についてアドバイスをいただけますか？

A スーパーで10円、20円を節約して貯金するのも限界があります。それより、家、車、保険等、大きな出費の見直しを行い、毎月の収支を黒字化させることが重要です。「残ったお金」を貯めることは難しいので、自分では少し厳しいかな？と思うくらいの金額を「天引き貯金」するのがオススメです。貯金で破産することはないので心配は無用です（笑）。お金が足りなければヤフオク、メルカリ、ポイントサイト等を上手に活用しましょう。軽く追い込むくらいの意識で、自分の行動を変えていってください。

Q12 中古車の買い方、選び方でオススメの方法があれば教えてください。

A 個人売買で知り合いが乗り換えるときに譲ってもらうのが最も安いと思います。軽自動車で10万キロを超えていると査定が0円とか数万円レベルなので、査定額で譲ってもらうとお互いにメリットがあると思います。もしくは知り合いの中古車屋に下取り車を予約しておき、良い車が出たら最低限の利益で売ってもらうのがオススメです。（詳しくは健美家コラム第37話を参照下さい。https://www.kenbiya.com/ar/cl/fundosi/37.html）

Q13 物件を購入する時に相談できる人がいません。不動産投資を始めるには、周りに仲間やメンター的な人がいないと厳しいでしょうか？

A YouTubeや本などで学べる時代ですので、必ずしも仲間やメンターがいなくても成功することは可能です。買っていい物件か迷う時は、物件近隣の賃貸営業マンにヒアリングしたり、近隣の似たような収益物件の状況を調べたりすることで失敗を防げます。とはいえ、実際にはメンターや仲間がいる方が踏まなくていい地雷を避けることが出来るのは事実。SNSも活用しながら大家仲間を作ることに挑戦してみるといいと思います。

Q14 不動産投資初心者はトレンドにどの辺りで乗るのが良いでしょうか？ イノベーター理論でいうどの辺りを勧めますか？ ブルーオーシャンを狙うべきか、レッドオーシャンでも参入すべきでしょうか？

A

不動産賃貸業は江戸時代からある商売であり、流行り廃りがないのが良いところです。トレンドを気にしたり、ブルーオーシャンを探すことは大事ですが、いつの時代も「良い取引」はあるものです。バブル期でも買っていい物件もあれば、リーマンショック後でも買ってはいけない物件もあります。いつ乗るかに意識を向けるより、いつ始めても負けないための目利きと、スキルを高めて良い取引と出会うことが大切だと思います。

Q15 賃貸併用住宅を購入する場合、金融機関にどのように説明するのか教えてください。

A

賃貸併用住宅を扱う金融機関を当たることです。そうすれば、相手も事情がわかっているので難しい説明は不要です。ただし、ホームページで扱っていると書いてあっても物件の内容によってはダメだったり、田舎では事例がなく、取り扱っていなかったりする場合もあるので注意してください。また、賃貸併用は通常の一戸建てに比べると流動性が低く、担保評価も厳し目になり、建築費の総額も高くなりがちなのは知っておいてほしいと思います。

Q16 自宅を賃貸に出す時の注意事項について知りたいです。

A

通常、住宅ローンで借りた家やマンションを賃貸に出すことは資金の用途違反として禁止されています。最初から住むつもりがないのに住宅ローンで建てた建物を投資用に回すことは「なんちゃって」と呼ばれ、悪質な場合は一括返済を求められることもあります。

ただし、住宅支援機構のフラット35などの商品では、実際に住んでからの転勤や親の介護、収入減によるローンの支払い困難といった場合に賃貸に出すことを禁止していません。(https://www1.fastcloud.jp/jhffaq/flat35/web/knowledge3149.html) 他の金融機関でも転居などのやむを得ない事情があれば認められることが多いようです。

Q17 戸建て、アパートを購入するときに気をつけていること。絶対ここは見る！　という所があれば知りたいです。

A

基本的に旧耐震は融資が付きづらいので避けています（現金で購入する場合はＯＫ）。

また、アスベストが含まれている建物は解体費が高額になるので安くても注意が必要です。

建物を見る順番は基礎、屋根、壁です。地盤沈下や液状化などで傾いている建物は修復に高額な費用が掛かるので買いません。屋根の吹き替えも同様なので（程度にもよりますが）、雨漏り物件も避けています。また、災害の多い時代ですので、危険区域の投資は慎重にしています。

ただし、それらを踏まえても圧倒的に安く購入出来るのであれば検討に値すると考えます。特に木造は躯体と水回りがしっかりしていれば何とかなるイメージです。あとはソフト面として近隣住民の質というか、うるさくない地域が好ましいですね（笑）

Q18 ハズレ物件を掴まない為の最低限の条件を教えてください。

A 不動産投資家として賢くなることです。本を100冊は読んで知識をつけること、物件をたくさん見て目利き力を鍛えることは必須です。その他に、土地や建物の相場を把握すること、賃貸の需要を理解することも欠かせません。購入後にかかる修繕費や、建物に致命的な欠陥がないかなどを判断できる力も必要です。いきなりは無理なので、初期の頃は工務店の人などと一緒に物件を見てプロの目線を学ばせてもらいましょう。

Q19 富山は家賃相場が高い割に土地値が安いことで有名ですが、逆のエリアで戦う方法はありますか？

A 全国を回ってみて、「どこの地域にも成功している大家がいる」と感じました。自分が投資していないエリアについて適当なことは言えませんが、都市部であっても値付けミスや、相続の急ぎ案件は出てくるはずです（競争は激しいが）。やや郊外に目を向けて、土地値が手ごろで家賃が低くないエリアを探して勝負するのが良いと思います。

Q20 今のふんどし王子の知識で貯金500万の会社員が5年後にキャッシュフロー100万円を目指し、セミリタイアするにはどのような戦略で進めて行きますか？

A

現在の住居が賃貸で家賃を多く払っているのなら、賃貸併用住宅を購入して住居費を抑えるとともに、家賃を発生させて不動産投資家としての実績を作ります。もしくは、含み益のある自宅を探し、出来るだけ長期でローンを組むことにより、日々の支出を抑えて投資に回すお金を増やします。

次に、融資を引いて中古の高利回り物件を買います。この時、出来るだけ長期間で融資をお願いして、出来るだけ頭金を入れないようにします。そうすることで、手持ち資金を温存でき、購入した不動産のＣＦを再投資に回すことが可能になるからです。

この時、20～30％の高利回りで、さらに担保評価が高いものを探す必要があり、ハードルは高いです。３千万円で利回り20％ならば年間６００万円の収入で、返済比率が半分であれば３００万円が返済、経費や税金を除くと最終手残りは２００万円程度になります。

これで月収は16万円程度なので、１００万円を目指す場合は、５年以内に６－７棟を購入する必要があります（借入総額で２億円ほど）。簡単ではないとお判りいただけると思います。

スピードを上げるには、売却を絡めることや、さらに高利回り物件を組み込む、もしくは利回りが10％程度でも1億超の物件を組み合わせるなどの道もあると思います。

とはいえ、現実的には融資状況や投資するエリアでできることも変わります。現在は融資が厳しいので、築浅や新築アパートなど耐用年数が多く残っており、銀行の評価が出やすく、場所や利回りがある程度良いものを購入して行くのが良いと考えます。いずれにせよ、5年で100万円のCFを目指すのはクレイジーマインド（死に物狂いの努力）が必要です。

Q21 不動産におけるPL→BSの見方や考え方を教えてください。

A 通常はCF→PL→BSの順番にレベルが上がって行くイメージです。CFが回らなければ黒字倒産ですし、PLが悪ければ赤字で融資がストップします。CFとPLを意識しながら黒字経営を続けていると自然に純資産が増えて、BSが良くなっていきます。

初期の頃は利回りや返済年数を重視して多少の債務超過も受け入れながらお金を増やし、数年後に物件の売却で債務超過の解消と現預金（純資産）の増加を図り、経験と決算書を持って大きな融資に挑んでいく。そのような流れで考えるとイメージしやすいと思います。

Q22 ボロ物件投資で融資を引きたいのですが、いい方法はありますか？

A 耐用年数越えの古い物件でも土地の評価が高ければ、15年などの融資が付くケースがあります。また、現金で購入後にリフォーム費用を借りる方法なら、無担保で融資を引ける可能性が高まります。日本政策公庫には2千万円の無担保枠が設定されているので問い合わせてみてはいかがでしょうか。

Q23 融資をしてくれる銀行を見つけるコツはありますか？

A 非営利のコミュニティに属して、似たような属性の人が実際に融資を受けたことがある銀行を教えてもらいましょう。また、不動産屋や建築会社も銀行とのつながりがあるので、そこから紹介してもらう道もあります。

目星をつけたら、ペンタさんの銀行訪問セットを揃え、問い合わせてみてください。

「健美家コラム　第22話」https://www.kenbiya.com/ar/cl/penta/22.html

ネットで情報収集をして、わかったつもりで終わりではもったいないと思います。足を使って稼ぎましょう。

Q24 安くて信頼のできる建築会社の見つけ方を教えてください。

A 非営利の不動産コミュニティの紹介等は信頼できると思います。古くから営業していて、CM等の広告を打たず、営業マンも抱えていない工務店などは、広告費や余計な人件費がない分、良心的な価格であることが多い印象です。

パッケージ商品がハマる土地の場合、有名ローコスト住宅メーカーにお願いするのも一定の品質を保ちながら安く仕上げられると思います。

どの場合でも、その会社が実際に建てたアパートを見学することは大事です。安かろう悪かろうの会社も存在するので、コストパフォーマンスを見ながら決めましょう。

Q25 信頼できる管理会社の見つけ方を教えてください。

A 非営利の不動産コミュニティ内での紹介がおすすめです。すでに任せている会社の管理が悪ければ切り替える覚悟も必要です。その際に、管理費用が安くても客付け能力が低い会社はＮＧです。入居者がいて初めて賃貸経営が成り立つのですから、地域で一番か二番に客付けが強い会社を選ぶのがいいと思います。その上で、管理費用や修繕に対する利益幅等を見て、検討することになります。

他の質問も含めて何度も「コミュニティ内での紹介が有効」と書きました。不動産業界で精度の高い情報は、お金と一緒です。情報ひとつで数百万円損や得をする世界ですから、情報をシェアしあえる仲間は財産と同じだと思います。

Q26 中古の物件を買ったとして、物件の管理やリフォーム、修繕をお願いしたいとなった場合、業者さんはどうやって探したらいいでしょうか？

A 管理会社の手数料が追加されますが、管理会社経由が一番ラクです。その場合、補修で済むのに交換を提案するなど、過剰な内容になっていないか、目を光らせる必要があります。そういったことがなく、手数料も安ければそのまま進めるのも一案です。

自分で発注する場合ですが、社員の多い大手やCMをしているようなところは割高です。小さな工務店や一人親方のような職人さんに頼むのが安くなります。小さな仕事を発注して、仕事の質と値段のバランスに納得がいったら、継続発注していくのがいいと思います。

また、ガス会社さんは一通りの職人と繋がりを持っています。ガスの切り替え時などに協力してもらうと安価でお願いできることがあります（リフォームで儲けずガス代で回収）。

Q27 リフォームのDIYと外注の基準、価値判断の基準があれば教えてください。

A ワタクシも最初の頃はDIYをしていましたが、今はほとんど業者に任せています。現在も行っているのはウォシュレットの交換、ワックスがけ、掃除、木の伐採など技術力が不要で、頼むとそれなりに高いものだけです。DIYには部材の購入間違い、資材が余ること、仕上がりが悪いこと、工具費が高くつくなどのマイナス面があります。本業の収入がそれなりに高くて時間がない人にはオススメしません。時給が安く、時間があって器用な人は挑戦するのも良いと思います。

Q28 購入後に騙されたと感じた経験もあると思います。どんな方法で挽回しましたか？

A 物件を安く買っており期待値が低いので、騙されたと感じたことはありません。もちろん全部が成功ではなく、色々あった挙句にトントンで売却した物件もあります。想定外のことは必ず起きます。起きたことを嘆くより、この場合はどうするか？を考えて行動しています。

Q29 入居者との距離感についての考えをお聞かせ願います。また、ふんどし王子として有名になってから客付けに変化はありましたか？

A 戸建ては基本的に自主管理なのですが、家主と借家人の立場を明確にして、近すぎず遠すぎずの距離を保つのが良いと考えています。自主管理のメリットは夜逃げや孤独死を防げること、上手に付き合えば感謝されるなど事業としての喜びがあることです。デメリットは押しに弱い人だとストレス（細かな不具合のたびに電話が鳴るなど）が生じることです。

有名になった影響ですが、管理会社さんとうまくお付き合いできているため、「ふんどし王子さんの物件は早く客付けするように！」と社長が命令を出してくれています（笑）。とはいえ、物件力がなければ埋まりませんので、自分でも努力しています。

Q30 新築アパートの建築単価はいくらですか？

A 建築の坪単価はあまり気にしません。それよりも、トータルで利回りが10％を超えることに注力しています。仕様や設備によって坪単価は変わってくるので、「この設備で○○㎡の1LDKなら家賃は○万円を狙えるからこの価格でOK」という感じです。

建物のプロではない人間が心掛けるべきは、「建物＋外構＋諸費用の総額」であり、良い建物を作って想定通りの家賃で貸しだすことだと思います。専門家であれば積み上げ式の見積もりを作り、項目ごとの交渉が出来るのでしょうが、いきなりは困難です。また、積み上げ式の場合は想定外のことが起きた場合、追加で費用を求められる（一括でお願いしていてもあり得るが、契約書の金額ベースで語ることになる）リスクもあります。

Q31 吉川英一先生の本には宅建と簿記3級が不動産投資に役立つと繰り返し書いてありますが、ふんどし王子が勧める資格はなにかありますか？

A DIYをする人なら、電気工事士とガスの取り扱いができる施工資格を取得すると何でも出来るようになるのでおすすめです。ただし、何も資格がなくても出来るのが不動産投資の良いところです。資格にこだわらず、まずは儲かる不動産の買い方、運営の仕方、売却の仕方など、生きた知識・知恵を学びましょう。

Q32 世界一周について詳しく教えてください。一人より仲間と行く方がいいでしょうか？　私は本気でセミリタイアして世界中、国交が許す全ての国に行きたいと思っています。

A 会社を辞めた年に、投資仲間のポールさんと世界一周旅行に出かけました。不安もあったので、仲間と一緒に行けてよかったです。ただ、一カ月で10か国を回るスケジュールで2～3日に一回は移動だったのでバタバタしていたのは否めません。また行くなら今度は同じ地域に1～2週間滞在するようなペースがいいと思っています。若い人ならバックパッカーとして3ヶ月くらいかけて回るのが良いのではないでしょうか。

Q33 全国を飛び回っていますが、奥さんと仲が悪くなりませんか？

A 大丈夫です（笑）。まず、金銭面ではしっかりと生活費を入れています。確かに地方に行くことも多いですが毎週ではないですし、平日はほとんど家にいますので、普通のサラリーマン家庭より子供と一緒にいる時間は長いと思います。また、自由にさせてもらっている感謝から富山滞在中は、横柄にならないように努めています。

Q34 子どもにはお金の勉強を早く伝えたいと思っていますが、どの成長段階でどのように伝えていければいいと思いますか？ふんどし王子さんのお考えをお聞きしたいです。

A 子供には「あれをしろ」「これをしろ」と言わず、自由に育てたいと考えています。お金の知識については「ナニワ金融道」をさりげなくすすめるつもりです（笑）。リボ払いや信用情報については中学、高校くらいになったら伝えたいと考えています。

その時代で何が正しいかは、大人より子供の方が理解していると思います。大人が出来ることは選択肢を提示することと、何かしたいといったときに支援（金銭的にも時間的にも）することではないでしょうか。子どもは大人の言うことではなく、やることを見ているので、子供のためにも自分が楽しんで過ごし、立派に生きることを目指しています。

Q35 座右の銘もしくは、好きな言葉を教えてください。

A 「為せば成る　為さねば成らぬ　成る業（わざ）を　成らぬと捨つる　人の儚（はかな）き」です。行動していきませう！

コラム

オカネの〝仕組み〟を知らない人には〝豊かなジンセイ〟は訪れない！

マネーリテラシーというと、まずは稼ぎ方をメインに考えますが、今のような時代に大切になるのは、むしろ防御です。

バケツに水をいれても、そこに穴が沢山開いていたらいくら頑張っても豊かになりません。攻めの方が派手ですが、地味な防御の方が確実性は高く、才能も必要ありません。

守りを固めた上で、攻めを強化することで、スピードが速くなります。

自分と家族の経済的自立や不安を解消するのは、そこまで大変なことではありません。

政府の動きを急に変えることは出来ませんが、歪みや抜け道はあります。

「強か」（したたか）に生きることを覚えましょう。

1、すぐにできるお金の守り方

例えば、すぐにできることとして、次のようなものがあると思います。

・生命（死亡）保険の解約（同時に公的な社会保障制度について勉強する）
・格安シムを含めた携帯電話の料金体系の見直し
・住宅ローン金利や返済期間の見直し（借換を検討中と伝えると金利が下がることも）
・月額課金しているサービスの見直し（見ていないNetflixやスポーツジムなど）
・地域が行っているPAYPAYキャンペーン等の活用
・国や市町村が発行しているプレミアム商品券の活用
・楽天経済圏やヤフー経済圏などと呼ばれるサービスの集中によるポイント還元アップ

・ふるさと納税の活用
・賃貸の人は実家に帰るか、安い住まいへの引っ越し

何の疑問も持たずにサラリーマンをしていたら、車のローンを組み、結婚式で数百万円を使い、共働きの源泉徴収票を元に住宅ローンをフルで組んで家を新築するでしょう。

そして子供が生まれれば働き手が減り（育児休暇や時短勤務）、子育ての支出は増えるため、生活の余裕がなくなります。

それでも、真面目な方は子供の大学資金を積立預金します。

その結果、パートナーに給料を預け、自分はお小遣い制で、月に2~3万円でやりくりしているというサラリーマンも少なくありません。

これでは自由に飲みに行くことや、勉強のための本を購入することも難しいでしょう。

次のステージに進むには情報や知識や人脈が必要です。

ワタクシも不動産投資を学ぶために、尊敬する大家さんのセミナーには何回も行って勉強しました。

使えるお金が少ないという事は、自分の可能性を狭めることにもなるのです。

2、住宅費を減らすことのインパクトは絶大

ワタクシは家賃2000万円以下、手残りで1000万円にも満たないうちに、会社を辞めました。

周りには、「そんなレベルで会社を辞めちゃだめだ」という人もいました。

特に東京などの都会に住んでいる先輩たちが、いろいろと心配してくれました。

しかし、実際には何の問題もありませんでした。

その理由の一つに、住宅費がかからなかった、ということがあると思います。

人生の三大支出の1つである住宅費ですが、ワタクシは10年前に建築した賃貸併用住宅から始まり、その後もヤドカリ投資（中古住宅を住宅ローンで買ってから賃貸に出すという投資法。銀行にきちんと事情を説明すれば問題になることはない）

を行った結果、ゼロ円どころかお金をもらって自宅に住んでいる状況を作ることが出来ました。

収入は賃貸併用住宅の収入14万円＋元自宅の収入9・5万円で合計23・5万円。

返済は賃貸併用住宅6・7万円＋元自宅6万円＋現在住んでいる自宅6万円で合計18・7万円。火災保険や固定資産税を合わせてもトントンで収まります。

手出しがないだけではなく、将来的に売却すれば、残債を上回る分の金額（おそらく数百万円）が返ってきます。

世の中には、「住宅ローンの支払いが苦しい」「住宅ローンがあるから仕事をやめられない」というような話もあると聞きます。

新築住宅に住む、人気の立地に住むことを諦めるだけで、人生がラクになります。

念のため付け加えると、別にボロボロの家に住んでいるわけではありません。

不動産投資をしていたおかげで不動産を検索する習慣と相場観が身に付いたため、素敵な家を格安で買うことができました。

普通の人にとって家は一生に一度のお買い物ですが、不動産投資家になったことで、もっと広い視点で、合理的に考えられるようになりました。

今後も家族構成や年齢による価値観の変化に合わせて、住み替えていくつもりです。

ちなみに合理的に住み替えるというと、家族構成にあわせて賃貸を転々とするイメージですが、ワタクシの場合、4度住み替えて、すべて購入してきました。

自分にとって、家賃は人からもらうものであって、人に払うものではないのです。

サラリーマンの当たり前を自分の当たり前にするのではなく、お金持ちの当たり前を自分にインストールしてきましょう。

3、社会保険の仕組みを知ろう

サラリーマンの方に質問ですが、自分の源泉徴収を見たことがありますか？

見たことがある方は、額面と手取りの違いに驚いたという人も多いと思います。

その額面と手取りの違いを生む要因とは、会社が社員の給料から国に治める社会保険費を源泉徴収という形で社員に渡す前に差っ引いていることです。

この、源泉徴収で引かれた部分は、条件さえあえば、還付を受けることで取り戻すことができます。（注：税金を取りもどすやり方として、わざと赤字を出す新築ワンルーム投資が有名ですが、これをやるとお金持ちへの道が遠のくので注意が必要です。考え方は人それぞれですが、ワタクシもワタクシの周りの若手投資家たちも絶対にやりません）。

例えば、以下のような時です。

・年の途中で退職し、年末調整を受けずに源泉徴収額が納め過ぎになっている
・個人年金保険の受取額から源泉徴収されている
・多額の医療費を支払った↓「医療費控除」
・要件に合うマイホームの取得等をして住宅ローンを組んだ↓「住宅借入金特別控除」
・借入金を利用して、省エネ改修工事をした↓「特定増改築等住宅借入金等特別控除」
・法が定める「認定住宅」を新築、購入した↓「認定住宅新築等特別税額控除」
・災害や盗難などで、資産に損害を受けた↓「雑損控除」
・給与所得者が、通勤費、転居費、研修費、資格取得費の「特定支出控除」を受けるとき
・特定の寄付（例えば「ふるさと納税」）をした↓「寄付金控除」
・年末調整後に結婚した↓「配偶者控除」
・年末調整後に親と同居した↓「扶養控除」

年末調整で還付を受けられたのに、受けなかった場合でも、あらためて還付申告を行うことによって、払い過ぎを取り戻すことが可能です。

サラリーマンの方は、源泉徴収・年末調整が当たり前で、深く調べたことがないという方が多いと思いますが、ぜひ、もっと自分のお金に敏感になってほしいと思います。

4、セミリタイア後の社会保険の工夫など

さて、ここからはワタクシの話です。

会社を辞めた年は、前年度のサラリーマン年収実績から計算される住民税が高くて大変でした。健康保険も同じ理由から高額でした。

健康保険には勤めていた会社のものを任意継続するという方法もありますが、労使折半していた部分をすべて自己負担にすると、毎月3万円以上と高額になりました。

そこで、社会保険は自分が法人の役員となり、役員報酬を抑えることにより、最低限で済むようにしました。

具体的には役員報酬を毎月6万円にすることにより、健康保険料が月額5562円、厚生年金保険料が月額1万6104円となり、合計2万1666円に抑えることができました。

この金額を労使折半することになります。

つまり、半分は法人の経費で、残り半分を個人で支払うことになります。

個人事業主の場合、国民年金保険料だけで月額1万6540円（令和2年度）。その他に、国民健康保険料が所得額から計算されます。

また、国民健康保険には「扶養家族」という概念がないので、専業主婦や子供の人数分が均等割りとして加算されます。

法人の役員で加入する全国健康保険協会（協会けんぽ）では年収が基準以下の妻や、子供など扶養家族として紐付けすることが出来ます。

ワタクシの場合は仕事を辞めたタイミングで、扶養家族（子供2名）の健康保険は正社員である妻に移しました。

その結果、妻は会社の規定により子供手当が付き、給料が上がりました。

現在の自宅は妻名義で購入しましたが、住宅ローン控除を使うことが出来ます。

2020年は妻も育児休暇を取っていた関係で、世帯年収は社会的にみると貧困家庭に近かったのですが、暮らしはむしろ豊かでした。

ワタクシが住んでいる市では第二子から保育園が無料です。

長男は3歳以上ですが、保育園の無償化のおかげで基本料金はゼロ円です。

夫婦共働きで第一子が3歳未満の時は、保育園に毎月6万円程度を支払っていたことを考えると大きな違いがあります。

結果的に、サラリーマンを卒業して2年目のワタクシの住民税は年間5500円となりました。個人で保有している不動産からの収入は300万円以下で、減価償却の大きい築古物件などを持っていた結果です。

もちろん、個人の所得を落とすデメリットもあります。

社会的には低所得者となりますので、個人の与信が下がり、消費ローンやアパート（部屋）など賃貸住宅が借りにくくなります。

しかし、その問題は正社員で働いてくれている妻名義や、法人名義で借りるという方法でクリアできます。

法人、ワタクシ個人、妻個人、名義は様々でも、トータルで充分なお金が入ってくれれば、やりようはあります。

「法人と個人の使い分け」「所得の分散」「住む場所」といったキーワードを勉強して、仕組みを活用することで、出ていくお金を抑えつつ、豊かに暮らすことができるのです。

これは知っているか、知っていないかの差ですから、勉強は大事です。

サラリーマンの方は、社会保険料は給料から天引きされていて、仕組みもよくわかっていないと思うので、ここまで読んでも理解できなかったかもしれません。

しかし、そのよくわからないブラックボックスにこそ、サラリーマンがお金を作るためのヒントがあります。

サラリーマンが不動産投資等の事業を始めることで、そのブラックボックスの中が理解できるようになるのは、大きなメリットだと思います。

お金のことを知らないまま、お金持ちになることはできません。

この考え方と仕組みは、橘玲さんの「貧乏はお金持ち」という本を読むと理解しやすいと思うので、ぜひ読んでみてください。

第1章

お金を生み出すチカラ

～まずは身の回りからはじめる～

日本人は、「人前でお金の話はしてはいけない」とか、「お金の話をするのは意地汚い」というような考えを持っている人が多くいます。

しかし、お金で幸せは買えないけれど、お金で避けられる不幸は多いということを知っているワタクシは、お金儲けについて話すことに、罪悪感は全くありません。

むしろ積極的に、若い頃からお金について勉強して、討論するべきだと思います。

この章ではワタクシが実践したお金を増やすスタートの段階で意識していたことを紹介します。

何のためにお金を増やすのか。そんなことも踏まえながら読んでいただければと思います。

1 お金に関する知識を身に着ける

お金を増やすために最も大切なのは、ノウハウではなく、知識です。更に大事なのはマインドです。

例えば、良い大学を出て、良い会社に入って、定年まで働き続けることでお金持ちになれると思い込んでいる人は、お金に対する知識が古いといえます。

ワタクシが中学生の時に読んだ『金持ち父さん　貧乏父さん』にも、そのことがはっきりと書いてありました。

サラリーマンより歩合の色が強い自営業、自営業よりビジネスオーナー、ビジネスオーナーよりも投資家の方がお金も時間も多く得られることを、中学時代に学びました。

アイデンティティが確立する前に読んだので、こっちが当たり前だと意識づけされました。

これを知っている人がお金持ちを目指したときと、知らない人がお金持ちを目指し

ロバート・キヨサキのキャッシュフロー・クワドラント

たときとでは、行動が全く違ってきます。

それを実感したエピソードがあります。

この本を家の本棚で見つけた父が、「オレは、金持ち父さんだろう」と言ったのです。

とても驚きました。会社からの給料というひとつの稼ぎ方しか持たない父は、典型的な貧乏父さんだったからです。

養ってもらっている子供の自分が偉そうにそんなことを言えるわけもなく、また本に書いてあることを確信していたわけではありません。それでも、父が「金持ち父さんではない」ことは明白でした。

ただ、父がそう言いたかった気持ちもわかります。

当時、父はＢＭＷに乗っていました。5

年くらいのローンを組んで、４００万円くらいの新車を買ったのです。父からすれば、そんな高級車に乗っている自分にはステータスがあるし、金持ちだと思いたかったのでしょう。

ただ、２台続けてＢＭＷを買ったのですが、１台目を下取りに出したときに、新車を売りたい営業マンが頑張った金額で40万円程度にしかなりませんでした。

高い金利を払って車を維持して、売るときは10分の１にもならない。

明らかにお金が流出しているわけです。

マジメに働いて僕たちを育ててくれた父のことを悪く言いたくはないのですが、父にお金の知識があったら、もう少し楽な暮らしができたのではと感じます。

父だけではありません。バブル期には建築関係の仕事が多くあったので、祖父もハツリの仕事では月収30万～40万円くらいはもらっていたと思います。

その祖父は、僕たち兄弟に「無駄遣いするな」と口癖のように言っていましたが、トラクターや、田植え機、稲刈り機、精米機等を購入していました。

そして、この値段が１００万円、２００万円もするのです。

我が家は兼業農家で小さな田畑でしたので、「収穫量を考えたら、どれだけマイナスなの？　育てるよりもスーパーに行ったほうがいいんじゃない？」と思っていました。

祖父もまた、お金に対する知識がなかったのだと思います。

祖父は自分の畑の近くの農地を買い増し、そこを畑にして耕していました。

今になって思うのは、トラクターなどの農業機械や市街化調整区域である農地にお金を使う代わりに、駅前などの土地を少しずつ買っておいたら、お金持ちになれたのではということです。

すごいサボリ癖のあるワタクシとは違い、死んだ祖父は働き者でした。

そのエネルギーで土地を探し、市街化区域の発展しそうなところを買っていたら、我が家はお金持ちになっていた気がするのです。

しかし、祖父にそんなアイディアはなく、高い土地と高い農機具を使い、少しの野菜を育てていました。

ちなみに農機具達も、シェアリングエコノミーと言えばカッコイイですが、集落営農組合（大型で性能が良い機械を購入し村の皆で運営）の仕組みができて、すべて二束三文で引き取られていきました。

そして最後は、中国などに輸出されたようです。儲かったのは、ゴールドラッシュの時にツルハシとGパンを売った業者と同じく、農機具メーカーだったのでした。

否定するわけではなく、戦中、戦後の飢えを経験した祖父にとっては作物を育てるのは最優先事項だったのだと思います。確かに、子供の頃は野菜とご飯には困ったことがありませんでした。

それでも、時代に合わせた努力の方向性というのは大切ですね。

お金は、頑張れば増えるというものではなく、「正しい方向で頑張る」ことが大切です。

お金持ちを目指すなら、がむしゃらに働くとか、節約するとかではなく、（それも悪いことではないですが）、方向性を間違えないように、本を読んだり、すでにお金持ちになった人を参考にしたりすることが大切だと思います。

付け加えると、不動産投資はやり方さえ間違わなければ努力した分、豊かになれる方法です。ワタクシや仲間たちの変化を見て、それを確信しています。

2 全ての基本は貯金

お金を増やすために大事なのは、月並みですが「貯金」です。当たり前田のクラッカーと思われる方と、貯金なんてくだらないと思われる方がいらっしゃると思います。ワタクシも貯金を続けることが有利だとは思いません。しかし、貯金もできないような人が、借入をして不動産投資をするのはリスクが高すぎると思います。


ワタクシが20歳前後の時には、給料は夜勤や残業をしていたこともあり毎月の手取り金額は20万円くらいでした。

実家暮らしでしたので、その中から毎月10万円を貯金して、家に食費として2万円入れていました。

20万円のうち、10万円を貯金して、2万円を家に入れて、残りは8万円です。

家賃も光熱費もなく、昼ご飯も母親の作ってくれた弁当を持って行っていました。

ボーナスの数十万円をバイクや娯楽費に使っても、３年で３００万円が貯まりました。独身だったからできたことと思います。

「貯金できるときに、貯金しておくことは大事」ということです。

貯金でオススメなのが天引き貯金です。

強制的に引かれて、残りで生活をする習慣をつけるのです。決して難しいことではありません。

実際、サラリーマンの税金や社会保険料は毎年上がっていますが、みんな生活しています。

天引き貯金した額を、最初からないと思えば、意外と平気なものです。

「パーキンソンの法則」というものによれば、支出の額は収入の額に達するまで膨張します。

小さい冷蔵庫がいっぱいになったからと、大きい冷蔵庫に買い替えても、すぐにいっぱいになってしまうのです。

最初から、「支出」の欄に天引き貯金を付け加えましょう。

3 共働き&夫婦の信頼は、お金持ちへの第一歩

原則として、お金(種銭)を貯めようと思うと、収入を増やすか、支出を減らすしかありません。

そして、収入を増やすためにすることで一番簡単なのは共働きです。

日本で一番高いのは人件費です。コンビニのバイトを毎週5日間、6時間を1カ月続けると時給が700円だとしても8万4000円です。(例9時-15時)

すべて貯めれば、年間100万程度になります。

つまり、専業主婦というのはとても贅沢なものなのです。

これから経済的自由を目指そうと思うと、パートナーの協力は不可欠です。

ワタクシの場合、妻は地元の企業の正社員として働いてくれています。

子育てや家のこともあり、不動産に関する作業を手伝ってくれるということはありませんが、不動産投資のことは応援してくれています。

豊かさを目指すためには、もしかしたらパートナーの自由や豊かさを一時的に奪う

ことになるかもしれません。

それで揉めないために、夫婦仲が良いことは不可欠です。

夫婦の絆や信頼関係も、目に見えない大切な「資産」のひとつということです。

4 節約のポイントは三大出費を抑えること

節約というと、スーパーのチラシをみて特売で買うとか、缶コーヒーは買わないとか、コンビニで買い物しないとかを思い浮かべるかもしれません。

確かにそれも大事なことですが、効率を上げるためにもっと金額の大きいモノにフォーカスすることをおすすめします。

カギは、家、車、保険です。この三大出費について、何も考えないで広告や世間の常識に流されて買ってしまうと、前に進めなくなってしまいます。

まだ買っていない方はラッキーです。もう買ってしまった方は、今からでもリカバリーできる部分がないか考えてみてください。

1）マイカーは「充足の先送り」で中古車に乗ろう

車が生活費に占める割合って大きいですよね。

小金持ちを目指すなら、お金を増やすステージで、新車を買うのはやめましょう（購入金額より高く売れるような特殊な方法で手に入れられる方は別ですが）。

ただ格好良いからとか、見栄を張れるとかの理由で新車を購入すると、経済的に大きく遅れをとることになります。

これを、「充足の先送り」といいます。青い果実を食べてしまうのではなく、果実が熟れるまでしっかり待つことが大事ということです。

欲しいものを買うのは、小金持ちになってからでも遅くありません。

ワタクシはサラリーマン時代、貯金を優先して中古車に乗っていました。「新車買ったら？　若いうちしか良い車は乗れないよー、なんでそんなしょぼい中古車に乗ってんの？」と言ってくる同僚もいました。

口にはしませんでしたが、「若いうちから良い車に乗るのもいいけど、貯金しないと、

現在の愛車、中古のHONDAストリーム

結婚後は玉の輿に乗らない限り、良い車には乗れないよ」と思っていました。
また、50万円くらいで10万キロ走行している中古車に乗っていた時は「ゴミに乗っている」とも言われました。
「ゴミじゃねーよ！」と笑ってキレていましたが、内心は少し傷ついていました(笑)
それでも、あの時に新車を買っていたら、23歳で不動産を買えなかったと思うので、後悔はしていません。

2）保険は家の次に大きな買い物

会社にやってくる保険のセールスレディにすすめられるままに、あまり考えずに生命保険に入ったという人はいませんか？

保険は一生続くものなので、自宅の次に大きな買い物といわれます。

ここでの無駄遣いは厳禁です。

少なくとも、自分が入っている保険がどんなものかわからないというのはマズイです。

ワタクシの場合、保険は掛捨ての共済にすることで、支出を抑えています。

家族構成にもよりますが、ワタクシの周りの投資家の方も、最低限の保険で済ませている方がほとんどです。

ただし、40代後半とか50代の方は、稀に非常に条件のいい個人年金保険などに入れていることがあるので、無闇に解約する前に、ファイナンシャルプランナーの方などに相談してみるといいと思います。

銀行さんのお付き合いで入った保険なども、定期的に見直してみるといいと思います。

3）マイホームは夢ではなく、お金を増やすツール

家の値段はピンからキリまであり、マイホームの買い方ひとつで、サラリーマンの人生は大きく変わります。

35年も低金利で借金が組めるというのは世界的に見て、あり得ないことだそうです。間違っても、収入の3分の1のローンを35年も組まないと買えないような家を買わないことです。

ポイントは、マイホームを一生に一度の理想を叶える幸せの象徴とは考えないことです。そうではなく、手持ちの資産をうまく使い、資産を効率よく増やしていくためのひとつのツールとして考えます。

ワタクシは結婚後に2回、マイホームを買いましたが、両方とも中古です。

2軒目の家はお金持ちが別荘として使っていた家で、とてもキレイですし、内装も

豪華です。その家を、元の持ち主さんがかけた金額の半分以下で買っています。浮いたお金で、色々なことができると思います。

そしてこれからも、今の家にこだわらずに、自分たちのライフスタイルに合わせて、その時に気に入った家に住み替えていきたいと思っています。

すでに自宅を買った人向けの活用法

「もう自宅を買ってしまった」という人もいると思います。

そういう人は、自分の住んでいる家の市場価値を知ることが大事です。

「私情価値」は高くても、「市場価値」がどうかはわかりません（笑）。

つまり、いくらで売れるか？　いくらで貸せるか？　を考えて資産価値と、利回りを計算しておきましょうという意味です。

新築の場合は、住んだ瞬間に中古となり2～3割価格が下がると言われています。

頭金を入れていない場合は、債務超過状態になっているかもしれません。

知りたくない現実かもしれませんが、持ち家のある方は一度、チェックしてみるといいと思います。それが、投資家目線で不動産を判断する訓練になります。

例えば、ワタクシの住んでいた家は築15年程度の木造住宅ですが、賃貸に出すと10万円程度が相場です。

中古で1500万円の購入ですから、賃貸に出した場合の利回りは8％です。

（120万÷1500万×100＝8％）

返済額は6・5万円なので、10万円で貸せばCFは出ますし、金利を除いた元本部分の5万程度は積立預金のような役目を果たします。

逆に言うと、10万円の家賃を頂けるはずが、住んでいれば約5万円の資産ストックなわけですから、「5万円」は消費しているという認識を持つのは大事ですね。

また、場所もそこそこで購入する層が厚いので、購入した金額同等の1500万円程度で売却が出来ると考えています。

このように、夢のマイホームについて、冷静に現実の数字を理解することが大事だと思います。

次に、具体的な自宅の活用法ですが、自宅がフラット35に対応している場合は、借換えをオススメします。

金利が全期間固定で1％程度ですから、金利上昇のリスク軽減になります。

また、通常、住宅ローンで借りた家を賃貸に出すのはルール違反とされます。しかし、フラット35ならその心配はないようです。

もし今、住宅ローンの返済が重くのしかかりお金を貯められない状況なら、一度賃貸に出して体力を蓄えるのも選択肢になると思います。

どちらかの実家が近くにあり、両親とも仲が良く、部屋が余っている場合は、同居するのもいいかもしれません。生活費を5万～7万円でも入れればご両親も喜ぶのではないでしょうか。

共働き（アルバイトやパートでもＯＫ）で年間100万の預金と、同居で浮かした生活費100万の預金をすれば年間200万を貯めることが出来て、5年で1000万円程度は貯まります！

これは、不動産投資を始めるための頭金としては十分です。

5 サラリーマンの時間の作り方

ここまで会社勤めをしながらお金を貯める方法を書きましたが、実はそれ以上に大切なのが、投資について勉強したり、行動したりする時間を確保することです。

サラリーマンは同調圧力が半端ではありません。

例えば不動産投資を始めた当時、20代前半だったワタクシは、「パチンコの誘いを断れない」という悩みがありました。

聡明な読者の皆さんは、「何をアホなこと言ってるの？」と思われるかもしれません。

もちろん、ほいほいついていくワタクシに非があります。

でも、誘われると断るのはなかなかつらいのです。

1）目的が変わると付き合う人も変わる

自分は田舎の工場勤務だったからそうなのかなと思っていましたが、色々な人に話を聞くと、都会でもそう変わらないようです。

それに、サラリーマンライフを楽しみたいという気持ちもありました。

社会人になって初めて行くスナックやキャバクラはドキドキしましたし、大人になった気がして楽しかったです。社会人ですから、パチンコも自分のお金で堂々といけます。

その他にも、同僚の皆で船を借りて釣りに行ったり、フットサルをしたり、組合の仕事に率先して取り組んだりするのも面白かったです。

ただ、段々と飽きてしまいました。

本を読んだり、セミナーに行ったりするうちに、違う世界が見えてきました。

そっちの世界の方がずっと、面白そうに見えました。

すると、自分が作り上げた楽しい世界を、自ら離れる時が来ます。

会社のみんなと仲が良かったですし、遊ぶ時は、幹事役みたいなこともしていました。

ですので、そこから離れるとなると、相当強い同調圧力がかかります（笑）

多くの方は昨日と同じ明日を望みます。

ホメオスタシスが働きます。（環境が変化しても状態を一定に保とうとする働きのこと）。

でも、次第に、ブログやセミナーを通じて出会った仲間と会う時間を増やしたり、
セミナーで学んだ知識を実践で試してみたくなりました。

やりたいと思っている行動が取れないことが、とても歯がゆかったです。

例えるなら、ダイエットをしたいと思っているのに、アタナは良く食べる子！　と
ドンドン食事を出され、断ることができずに全部食べて罪悪感に苛まれる感じです。

レッテルを貼られると、なかなか抜け出せないものです。

厳密に言えば、誘う人に罪はなく、誘惑に負ける自分が弱かったのです。

アドラー心理学では、健全な劣等感とは、理想とする自分のギャップだけだと言われています。他人と比べると辛くなりますし、キリがありません。

ましてや、環境や他人のせいにしていたら建設的な考えにはなりません。

ライバルは自分だけですね。

そんな訳で、ワタクシは勇気を振り絞って誘いを断ることが増えました。

職場の仲の良かったメンバーからの「えっ？　一緒に行かないの？」というプレッシャーは辛かったですし、何回かは折れました（笑）。

また、誘ってもらえると、自分の承認欲求や帰属の欲求も満たされるから厄介です。

それに、毎日職場で会う仲間ですから、険悪ムードにもしたくありません。

ですから、関係を断絶したわけではなく、仲が悪くならない程度に、濁しながら距離を保っていました。

それこそ、コツコツとお金を貯めていると、「守銭奴」や「そんなに貯め込んでどうするんや？」といったおちょくりも入ります。

「知ったこっちゃないでしょうがー！」とキレてはいけません（笑）

そこはうまくお茶を濁すのです。そんな感じでやんわりと断り続けていたら、パチンコや釣りには誘われなくなりました。

そうして手に入れた土日を不動産投資や、ビジネス本の読書、物件見学にあてていきました。物件を購入してからは、リフォームや客付けに使いました。

繰り返しますが、次のステージに行く際は、これまでの仲間と距離を置く必要があります。

ちなみに、ワタクシは同調圧力から抜ける方法を「納豆理論」と呼んでいます。

みんな仲良くネバネバ納豆の中にいて、外に行こうとすると、糸が絡みあって戻って来いという力が働きます（同調圧力）。

しかし、ある一定の力が掛かると、糸はプツッと切れて外の世界に行くことが出来ます。大事なのは、そのような力が働くと認識することです。

外に出て行きたいのに、ネバネバ納豆の集団にいると、死んだ豆となってしまいます。

決意と勇気を持って抜け出しましょう。

2）会社の人間に不動産投資のことを話す必要はない

ワタクシは会社の人や両親に、不動産投資のことは言いませんでした。

他人のために生きているのではないですし、他人が自分の人生に責任を持ってくれる訳ではありません。

そこは自己責任だと思って行動しました。

この本を読まれている方が、不動産投資に挑戦するのなら、今から成長を目指す過程で、現在（職場、地域、家族）の同調圧力をどうコントロールするかが肝になります。

他人と仲良くなればなるほど、干渉してきますし、「内緒なんてないよな？」という雰囲気になります。

正直に不動産投資の勉強をしていると話しても、馬鹿にされるか、無理だと言われるか、危ないと言われることでしょう。

20歳過ぎれば大人です。親離れ、子離れ、同僚離れをすることが大事だと思います。

実践したことのない人の、無料のアドバイスほど高くつくものはありません。

3）時間を作るために有給休暇は全部使おう

時間を作る話ですが、組合の仕事をしていたこともあり、有給消化率は100％でした。

会社には14年弱勤めましたが、有給の権利が消滅したのは1日のみでした。（社員の大半は毎年、数日から数十日消滅していました)。

退職する時も、残っている有給はすべて消化しました。不動産投資をしていると、マネーリテラシーが身につきますし、権利関係にも敏感になります。ましてや有給は与えられた権利なので堂々と取得していました。(上司とは関係を悪くしないようには気を使っていました)。

最近は国も副業を推進していますし、他人と違う行動をとる大義名分が通りやすくなったように思います。まさに「副業から複業へ」です。

パワハラやサービス残業への規制も厳しくなってきているので、堂々と自分の時間を確保していきましょう。仮にハラスメントを受けているとしたら、インターネットで調べて知識武装することが大事だと思います。

泣き寝入りせずにパワハラやサービス残業の証拠を残すことは大事です。(ワタクシの会社ではそういうことはありませんでした)。

4）それでも会社員であることのメリットは大きい

ワタクシは退職した会社にはとても感謝しています。

サラリーマンをしていなければ借金ありきのアパート経営なんてできませんでした。結婚する時も、堂々と相手の両親に勤め先を言うことが出来ました。

また、社会人としての礼儀や常識も学ぶことが出来ました。

「こんなのは常識だろ！」と言って思考が停止している人は好きにはなれませんが、常識は共通言語というか、人間関係を円滑にする潤滑油として有効ですので、覚えておいて損はないと思います。

どこにいっても不平不満を言っている人は、セミリタイアしてからも、不平不満を言うのではないでしょうか。

会社員がダメ、不動産投資家が幸せ、というような単純な世界ではありません。今いる場所に感謝しつつも、慎重に次の足場を探す、というスタンスがいいように思います。

会社員生活に不満があるからとうまく仕事をサボろうとか、業務中なのに不動産検索をするなどブラック企業ならぬ、ブラック社員にはならないようにしましょう。

コラム

33才で世界一周に行ってわかったこと

1、世界10カ国を旅して感じた「日本はイージーモードで豊かになれる国」

世界一周旅行に行きたいと思ったのは、先輩の不動産投資家である赤井誠さんとケイマンさんがクレジットカードでマイルを貯めて、あまりお金をかけずに世界一周を楽しんでいるのをブログやFacebookで見た時でした。

その後で、不動産投資の仲間から誘われたマイル活用セミナーに参加すると、世界一周旅行が一気に現実味を帯びました。

その頃、会社を辞めようと計画していたので、同じタイミングで会社を辞めようとしていた友人のポールさんと、「1年以内にセミリタイアして、一緒に世界一周旅行に行こう」と決めました。すると「願望」が「予定」に変わりました。

ワタクシは英語ができませんし、海外も数える程しかいったことがありませんが、ポールさんは元バックパッカーで海外の経験も豊富です。そうなると、一人だと危険というような「行かない言い訳」も消えました。

ワタクシたちの出かけた世界一周旅行は、マイルで買える航

空会社の世界一周チケットを利用して、そのルートの中で立ち寄る場所を選ぶという半分オーダーメイドのような内容です。

マイルを貯めて、航空会社のホームページから世界一周チケットを取る方法は、セミナーや詳しい方に教えてもらい、粛々と準備を進めました。

ホテルは事前予約せず、現地で決めることが大半でした。わからないことや注意した方がいいことは、先に世界一周に出かけた先輩に聞くことができました。

2、車と同じ値段なのに行かない人が多い理由

世界一周旅行で一番ハードルが高かったのは、「マインド」です。日本では「海外はとても危険だ」というニュースを多く見聞きします。ワタクシ自身も、海外はとても危険なところで、隙あらば身包みを剥がされて、銃で弾かれると思っていました（笑）。

しかし、行ってみると実際には怖い思いは一度もしませんでした。それどころか、普通か親切な人の方が多いと思いました。知らないうちに、海外の勝手なイメージを作り上げていたことに気が付きました。

「百聞は一見に如かず」という諺が身に沁みました。

世界一周旅行にかかったお金は、一人約150万円程度です。

- マイル15万×2・5円（仕入れのレート）＝37・5万円
- 空港諸税等10万円
- 宿泊費1泊1万円×30日＝30万円
- 食費一日5千円×30日＝15万円
- 小計92・5万円
- 日本から持って行った現金25万円、現地でのキャッシング15万円
- 合計一人約150万円

（1カ月の時間＋家庭内BS）

これくらいの金額の車を買っているサラリーマンは多いですし、今では新車の軽四でも１５０万くらいします。

しかし、世界一周に行く（行った）人は多くありません。

それはなぜかというと、車は皆が購入しているので買うのに抵抗がありませんし、生活が便利になるのがわかっているからです。

一方、世界一周旅行なんてどれだけお金がかかるかわからないですし、身近にも経験した人がいないので、行こうとも、行けるとも思わないのでしょう。

また、海外旅行を贅沢なことだと考える人もいると思います。

ワタクシも以前は同じ気持ちだったからわかります。でも、だからこそ、思い切って行ってよかったです。人生最大の贅沢だったかもしれませんが、一生忘れない思い出ができました。

この経験は無意識の領域からこれからの人生を後押ししてくれるでしょう。最高の費用対効果だったと思います。

３、できない理由より、「どうしたらできるか？」を考えよう

実行して思ったのは、「やる気」が一番大切だけれど、ある程度のまとまったお金とまとまった時間もやはり必要ということです。

ワタクシも少し前までサラリーマンでしたので、世界一周が普通の人にとって遠い話であることは

よくわかります。

しかし、○○だからダメだと考えるのではなく、どうやったら行けるだろうか？　と考える方が良い結果が生れると思います。


もしかしたら、諦めて考えないようにする方が楽なのかもしれません。

でも、諦める癖が付くと、ドンドンできることの幅が狭くなり、他人の人生（他人が望む人生）を歩むことになってしまいます。

後になって「オレの人生、こんなはずじゃなかった！」と思っても、誰も責任を取ってくれません。

何より、そんな他人にやることを決められる生き方は面白くありません。

偉そうなことを書いていますが、サラリーマンの方なら会社の仕事は大事ですし、それ以外の家庭や地域行事も大切です。ないがしろにしてはいけません。しかし、それらは「絶対」ではないということも忘れてはいけないと思います。


「ふんどしさんだからできる」と言う人には、自分はそんな立派な人間ではないと返します。

サラリーマン時代には、「お小遣い制度は嫌だ」とか、「金銭的な理由で飲みに行けないのは嫌だ」とか小さなことで悩んでいました。

そしてそれは、不動産投資をして財布を大きくすることで（それは妻の理解を得ることにもつながります）、解決できました。

やりたいことはまだまだありますし、できていないことも多くあります。

世界一周旅行を終えて思うのは、日本にいる時に「できれば良いなぁ、でも難しそう」と思っていたことが、実行できそうだなと気持ちが変わったことです。

カンボジアのアンコールワット遺跡や、バルセロナのガウディ建築、ニューヨークやラスベガスの建物など、昔も今も「人間はここまでできるのかぁ！」と驚き、自分の挑戦や、行っている事など小さなものだと思いました。

国や地域ごとに、ルールも違えば、何が正しいのかという価値観もまったく違います。

正解なんて、ないんだと思いました。だったら、自分がいいと思うことをやり、やらない方がいいと思うことをやらないという、シンプルな軸で生きればいいいじゃないか、と感じました。

それを「間違っている」という人は、その人にとって間違っているだけなのです。

4、世界一周で見た建物や歴史の跡

今回、訪れた国を紹介します。

・カンボジア（アンコールワット遺跡）
・タイ（涅槃像やウィークエンドマーケット）
・ドイツ（フランクフルト）
・ポーランド（クラクフ旧市街の街並み、アウシュビッツ収容所）
・クロアチア（ドブロブニク）
・スペイン（バルセロナ、ガウディ建築）
・ニューヨーク（ブロードウェイ、タイムズスクエア）
・カナダ（ナイアガラの滝）
・ラスベガス（カジノ、グランドキャニオン）
・ロサンゼルス（ハリウッド）

カンボジアはアンコールワット、タイではバンコクの街や涅槃像を訪れました。

ドイツではヨーロッパらしい落ちついた街並みを歩いたり、ビールを飲んだりしました。どんよりとした空と路面電車の感じが富山に似ていたのが面白かったです。

ポーランドでは、アウシュビッツ収容所を訪ねました。朝一（8時オープン）に行くと現地でパスポートを見せれば入れてくれました。学生の中には、ガイドの話を聞いて泣いている人もいました。

朝の凛として、ピリッとして、澄んだ空気の中で見学してきました。驚くほど静かで、空は青く、残虐な行為が行われていたとは思えない場所でした。

ブルーハーツの「青空」が頭の中で鳴り響いておりました。

また、スピリチュアルな方ではありませんが、オーラや、空気感、圧迫感など、謎の迫力がある場所でした。

大量の小さな靴などは、子供を持つ身としてはグサリと来るものがありました。

実際にその時代を見てきたわけでも、いろいろな文献を調べたわけでもないので具体的な意見は避けますが、今の平和は多くの人が犠牲になった結果であり、当たり前ではないことを再認識しました。

大事なのは同じ過ちを繰り返さない事であり、出来る限り平和な時代を続かせることだと思います。

今の日本の現状を「当り前」と思わずに、感謝していきたいです。

ポーランドの次はクロアチアを訪問しました。クロアチアは「魔女の宅急便」とか「紅の豚」のモデルとなったところで、地中海に面しているので気候も温暖で、とても気持ちのいい場所でした。ジブリファンにはたまりません。

一番のおすすめはどこかと訊かれたら、クロアチアと答えます。美しい街でした。世界一周中の体調が悪いときに訪れたので、元気な時にまた行きたいです。

スペインはガウディの作った公園や、サクラダファミリアなどを見て、楽しかったです。

カナダはホテルが素晴らしかったです。

ホテル系のクレジットカードを利用することにより、ナイアガラの滝を真正面から眺められる部屋に、1泊1万円程度で泊まることが出来ました。

ニューヨークでは、タイムズスクエアや、ブロードウェイのミュージカルに行きました。

ラスベガスでは500ドルを失い、（ポールさんは1000ドル）ロサンゼルスではハリウッドの看板を見ました。

そんな激動だけど楽しかった世界一周でした。ビジネスクラスの飛行機も初めてでしたし、ドイツで路面電車に乗る事、各国の入国審査、タクシーでの移動など、すべてが刺激的でした。

5、世の中には、まだ見ていない素晴らしいものがたくさんある

このような経験ができたのも、不動産投資にチャレンジしたおかげです。

33才で会社を辞めて、世界一周に行くことを、それほど苦労なくできました。周りの人に驚かれて、すごく価値のある経験をしたんだと気づきました。

「今日という日は、今日を生きられなかった人が夢見た日である」

こんな言葉がありますが、これまでピンと来ていませんでした。

工場で毎日同じことの繰り返し、未来に希望はないけど、世間体もそこそこ気になるし、とりあえず、パチンコでも行って酒飲んで寝よう。こんなレベルの人間でした。

世界一周して思ったのは、「この思考ではもったいない!」という事です。

世の中には、まだ見ていない素晴らしい景色や、まだ経験してない出来事があります。子どもの頃は、誰にも好奇心がありました。いつの間にか童心を忘れてしまいますが、ワクワクや、そこから湧き出る気持ちを大切にしていきたいです。

そして、経験や知識は誰にも奪われません。凄い財産を得ていると思いました。

ネガティブなニュースもありますが、まだまだ日本は恵まれた国です。

世界には多くのストリートチルドレンがいますし、どうしたって逆転が難しい状況の方が多くいます。

世界的に見たら、日本はかなりのイージーモードで豊かになれる国だと思います。どんどん、やりたいことをやっていきましょう!

第2章

お金を働かせるチカラ
～100万円以下から始められる大家人生～

この章では、１００万円以下の小資本から不動産投資を始めて、資産を増やす方法を紹介します。

正直、この価格で物件を買って直して賃貸に出す、というのは初心者にはハードルが高いと思います。しかし、人の物件を借りて、修繕して、賃貸に出すという方法なら、十分に可能です。例えば、ＤＩＹが得意な人なら、田舎の区分マンションや築古戸建てを買って貸すことも不可能ではないでしょう。

もちろん、自己資金は大いに越したことはありません。それでも、資金がないからといって不動産投資を諦めることはありません。資金がないなら、ないなりのやり方もあるのです！

まずは、それぞれのステージに合ったやり方でお金を増やして、そこから資産を膨らめていくことを目指しましょう。

その前に、最初の１歩の踏み出し方を書きたいと思います。

1 不動産投資、最初の1歩の踏み出し方

ワタクシは不動産投資を始めるにあたり、借金に対するハードルがありました。「借金＝悪」という思考もありました。

その時にどう対処したかというと、「最悪の状態になってもここまでだな」ということを想定しました。

具体的には、買う前に、次のようなことをシミュレーションし、数字に出せるものは出しました。

・ローン返済はできるか
・買ってすぐに売った場合はいくらになるか
・失敗しても泣ける金額か
・損切でもいいから撤退できるか
・再起不能にはならないか

ワタクシの不動産投資のスタートは住宅ローンを使った2戸の賃貸併用住宅で、土地1000万、建物1500万（諸費用込）の総額2500万円のプランでした。

一般的には賃貸併用住宅の場合は総額が大きくなる傾向にありますが、ローコストな住宅メーカーを使うことにより、年収400万程度の「一般的なサラリーマンが組む住宅ローン程度」に抑えることができました。

2戸一棟の最初の物件

住宅ローンなので返済期間は35年で、返済は7万円程度でした。サラリーマンの手取り収入で20万程度ありましたし、1部屋でも入っていれば手出しは出ない計算です。
この物件は自分でしばらく住んでから両方賃貸に出しましたが、埋まらなければワタクシ自身が結婚して、実際に新婚生活をするときに使えばいいと考えました。
そんな風に、計画が具体的になるほど、リスクやそのカバーの方法が見えてきて、最終的には「これなら、万が一のことがあっても、大丈夫」と思えるようになりました。

1）投資をしたことのない人にアドバイスを求めない

賛否両論はあると思いますが、ローンを組む際に「両親」には相談しませんでした。

ワタシが不動産投資に興味を持つきっかけになった「金持ち父さん・貧乏父さん」にも書いてありますが、「一番高くつくのは、投資をしたこともない人たちの無料のアドバイスだ」と思ったからです。

やったこともない人に、「危ないからやめろ！」と言われるのも嫌ですし、それでやる気をなくすのも嫌でした。

「保証人」を頼む場合なら相談もしますが、そもそも保証人が必要な場合は諦めていたかもしれません。仮に誰かに保証人を頼む場合は「保証人になってくれる方にもメリットがある場合」だけと考えています。（中古アパート融資で保証人になってくれた兄には家賃の中から役員報酬を払っていました）。

ちなみに、誰にアドバイスを求めたかというと、尊敬する不動産投資家の本やＣＤを参考にしました。大量に買いまくりましたし、セミナーにもガンガン行きました。

この時の投資のおかげで大きな失敗をしていないように思います。

2） 最初は小さな規模から始める

大きく勝負に出るのは、まずは小さく賃貸経営を経験してみてからがいいと思います。手持ちの資金や目指す規模にもよりますが、まずは中古の戸建や小さなアパートで不動産投資がどんなものかを知るところから始めるといいと思います。

個人的には、最初の投資から億を超える案件に手を出すのは危険な気がします。少額で始める方法はこの本や、私の一冊目でも紹介していますので、参考にしてください。

補足すると、最後はエイヤーの勢いも必要です（笑）。

2 50万円程度で、物件を転貸して大家さんになる

不動産を買うためのまとまったお金がない段階でも、賃料を得られるのがこの方法です。

具体的には、他人の物件を安く借り上げて、それを別の人に賃貸します。

ワタクシ自身はこれをやったことはありませんが、自分の物件を転貸用に貸してほしいと言われ、貸したことはあります。

具体的には、65万円で買った古い戸建てがあるのですが、友人のポールさんに、「無償でリフォームをするから、2万円で貸してほしい」と言われてOKしました。

ポールさんは会社員の仕事のかたわらDIYでリフォームを進め、本当に4万円で借り手を見つけてきました。

元手は全部で50万円もかかっていません。

ポールさんから見たら、DIYで使った数十万円を元手に、毎月2万円の副収入を得たことになります。

私も他の物件のことで忙しかったので、リフォームをしてくれて、お客さんまで見つけてもらえてありがたかったです。

周りにボロ物件を買っている人がいれば、転貸させてもらえないか訊いてみるといいかもしれません。

そういう人がいない場合、空き家の持ち主を調べて、（住所がわかれば謄本から所有者がわかります）お願いするという方法もあります。

3 少額物件を現金で買って大家さんになる

不動産投資を始める時は、いきなり大きな賭けに出るのではなく、小さく始めて、徐々に増やしていくといいと思っています。

そこで候補に挙がるのが、中古の区分マンションや築古戸建です。

ワタクシも初期の頃は、「中古の区分マンション」を現金で購入して、しばらく持ってから転売するという方法で自己資金を増やしました。

初めて購入した区分物件は、「健美家」（https://www.kenbiya.com/）という不動産投資の情報サイトに掲載されていたものです。

空室で価格は145万円、想定利回りは約30％でした。5万の指値をするとすんなり通り、140万円で購入しました。

この区分マンションは、部屋の床と壁は綺麗でしたが、お風呂の換気扇とキッチンの換気扇が壊れていました。また、しばらく人が住んでいなかったようで、虫の死骸やほこりが溜まっていました。

この他にもいくつか失敗談があります。例えば給湯器の故障が発見できず、お湯が出なくて入居者に迷惑をかけたことです。

修理には10万円程度かかりました。価格コムを見ると同じ設備が3万程度で売っていたので、今なら施主支給をして設置費用だけ支払うと思います。

中古物件を購入する際は、電気、ガス、水道などインフラ関係の確認は必須です！あとは、電気コンロを交換し、カラーモニターフォンを設置して、徹底的に掃除を行った結果、4年制大学の新1年生の方が入居してくれました。

家賃は3・4万円だったので、リフォーム後の表面利回りは24％。しかし、管理費・修繕費を引くと手元にはあまり残らないというのが正直な感想です。

1）少額物件の転売で利益を得る

この物件は2年ほど持って、230万円で売却しました。

偶然にも、購入してくれたのはブログの読者さんでした。

当時、「法人を設立し、実績を作ろう」とブログに書いていたのですが、この読者さんはそのブログの通りに法人を設立して、私の物件を購入したのです。

契約するまでは、気が付いていなかったようですが、物件の決済時に、「もしかして、ふんどし王子さんですか!?」と質問されました（笑）

区分を購入してくれたヤマトさん（仮名）は、その後、中古アパート、新築アパートと順調に物件を増やしており、たまに飲みに行くいい投資仲間となりました。

多少売却益は出ましたが、金持ち父さんに書いてあった「立ち去るテーブルには、チップを残しておけ」という格言通り、4年制大学の学生さんが2年生ときに売却しました。

そしてヤマトさんも最近、この区分を300万円で売却したそうです。

140万円（ワタクシが買った金額）→230万円（ヤマトさんが買った金額）→300万円（ヤマトさんの次の方が買った金額）と、うまくいきました。

コツコツ家賃を回収していき、同じ値段以上で売却できると利益が出るのが不動産投資のいいところですね。

この物件以外にも、区分マンションをいくつか売買して利益を得ました。

170万円で買って230万円で売るとか、100万円で購入して198万円で売るという具合で、大きな金額ではありませんが、多額の手持ち資金がなくてもできるのは魅力です。

もちろん、何も考えずに買うわけではありません。

賃料で回収する以上に大きく値段が下がってしまうと利益が出ないので、相場をしっかりと把握して、割安な物件を買うことが肝になります。

毎日、狙ったエリアの物件情報を見ていれば、「このマンションでこの価格は安い」ということがわかるようになります。そういう意味では、地の利のあるところの方がいいでしょう。

ちなみに100万円の物件を買う時は、先輩の投資家の方に相談したら、「安いと思う。ふんどし君が買わないなら自分が買う」と言われたので、安心して買い付けを入れました。

どのようにして100万円の区分マンションを見つけたかというと、170万円で購入した区分マンションを仲介してくれた同じ業者からの紹介でした。

170万円の区分マンションはリフォームなど考えるとあまり儲かりませんでしたが、実際に購入してみることで信頼がつくことを学びました。

その後も、一度取引をした不動産業者さんと、繰り返し取引をすることがあります。

2）管理組合に参加して得られる意外なメリット

区分マンションを買ったことには、他にもメリットがありました。

区分マンションには通常、管理組合というものがあり、管理組合では毎年、総会を開いています。

ワタクシはその会に参加して、配布される資料に記載されている「収支報告」から、ＲＣ一棟マンションを維持するためのコストについて、学ぶことができました。

例えば、電気代、将来の屋上防水工事のための積立、外壁洗浄とクラック補修費用、エレベーター補修点検料などがわかります。

まとめると、中古の区分マンションは小さなリスクで、購入、リフォーム、客付け、売却と、一通りの経験と実績が手に入ります。

そして強調しておきたいのが、「区分マンションで１００万円を儲けるためにかかった労力は、工場で8時間の労働を積み上げるよりも確実に簡単だった」ということです。

つまり、労働からの収入よりも金融資産からのお金のほうが、労力の割に大きなお金を得られるということを実感したのです。

この感覚を不動産投資の初期に知れたのは、良かったと思います。

4 初期の頃にキャッシュを増やす不動産の買い方

最初の頃にキャッシュを増やす方法としては、「個人として物件を買い、長期譲渡のタイミングで売却し、資金を作る」のが王道であるといわれています。

私は以下のことを実践してきました。

・個人で5年保有（実質6年）した不動産を長期譲渡で売却し、資金を回収
・法人で不動産を買い、実績とキャッシュフローをコツコツ積み上げる
・法人保有の物件売却で利益が出そうなら5年を待たずに売却し、資金を回収

初期の頃は、（区分マンション以外では）中古アパートを買っていました。

ポイントですが、資産を拡大していく段階では、できるだけ多い額の融資を引くことで手持ちのキャッシュを温存することが欠かせません。

そのためには、融資期間は照れずに1番長くお願いすることが重要です。

融資期間が長ければキャッシュフローも多くなり、次の物件の頭金になります。正論をいえば、融資期間は短い方が元金の返済が早く進み自己資本比率が上がります。

売却の際にも、購入金額より高くか、同じ価格で売却できれば元金返済分がドンッ！と残ります。それでも、とりあえず最初はキャッシュフローをメインにして、バランスを考えるのはもう少し後でもいいように思います。

なぜなら、通帳の中にキャッシュがあるかどうかが、融資の審査に大きく影響してくるからです。キャッシュイズキングです。

そして、この「個人で物件を買い、長期譲渡で売却する」ことを実践するうちに、ワタクシの自己資金は1000万程度にまで増えました。

人によっては5年待たなくても、そのくらいの資金を作ることはできると思います。最初は地味で面白くない部分もあるかもしれませんが、続けていれば、あるときパッと花が開くときがきます。

ワタクシもビビりながらですが、小分けの融資を積み重ね、気付けばトータルで「億」を超えるステージに来ました。

その次の段階としては、多少利回りが低くても資産性が高い優良な物件か、新築物件にシフトしていくのがセオリーになります。

もちろん、投資や事業には絶対はありませんから、常に色々なリスクはあります。

しかし、少額の物件で訓練してきたので、客付や管理などある程度のノウハウを得ました。

新築の家賃も価格の上限を狙いますが、下限を調べて最低でも返済が回るというネガティブな想定をしています。

想定より低い家賃でも入居者が付いて、返済ができて、撤退しなければ残債も減っていき、安定性が増していきます。

大事なのは退場しないことなので、コツコツと資産を築いていきましょう。

5 レンタルスペースや倉庫のニッチ需要を追う

普通のアパートやマンションと違う不動産投資として、レンタルスペースや倉庫が注目されています。

ワタクシもひとつ倉庫を持っています。

3万円くらいで貸そうかなと思ったまま放置プレイしていて、今は自己使用中です。購入価格は100万円くらいなので、3万円で貸したら、利回りは36%です。

倉庫は基本的に現状回復がないですし、修繕にかかるお金も少ないので、面白い選択肢だと思います。

レンタスペースに関しては、スペースマーケット（https://www.spacemarket.com/）やスペイシー（https://www.spacee.jp/）などの集客のプラットフォームがすでにできているので、空いている部屋などを使って気軽に始められます。

ただ、カギの管理や掃除の手間はかかりますので、ある程度ペイできるエリアは限られると思います。

富山の友人であるツナさんは、築古のビルをリフォームして、コワーキングスペースを作りました。

近くの若者たちがそこで勉強会を開いたり、ちょっとしたイベントを開催したりして、お金儲けプラス地域の活性化にも役立っているようです。

また、加藤ひろゆきさんが2018年に「『激安！「空き地」投資』（ダイヤモンド社）」という本を出版されましたが、建物ではなく、空き地を貸すというやり方もあります。

このように、一口に不動産といっても、様々なものがあります。戸建にしなくちゃいけないとか、一棟もののアパートじゃないと駄目だと思わずに、自分に合った「家賃収入が入る仕組み」を見つけてみてはいかがでしょうか。

6 中古物件の不動産投資のポイント

ワタクシは中古も新築も両方持っていますが、効率良くキャッシュフローを稼いでくれるのは、融資を引いて買った高利回りの中古アパートです。

ワタクシの物件購入の基準や価格の決め方などをよく聞かれるので、次から一通りの流れを書いてみたいと思います。

1）物件購入時に参考にする2つの指標

ある晩、夜勤の休憩中に胸騒ぎがしてネット検索をしてみると、10年間勤めた工場の近くに、売りアパートが出ていました。価格は3500万円で、11室中8室が空室でした。

この地域は「新規で物件を建てたいか？」と言われると「100％全力でノー！」ですが、需要と供給でいうと供給が足りていない地域で家賃相場が崩れておらず、入居率が高いエリアです。

調べてみると、2色の外壁で有名なアパートメーカーのアパートが、家賃4・5万〜5万円で8割稼働という状況でした。がぜん、欲しい気持ちが強くなりました。

ワタクシが大事にしている指針として、「2色のアパートメーカーの稼働率」と、「セブンイレブンの法則」というものがあります。

2色のアパートメーカーはどこにでもありますし、建っている立地により稼働率と、設定家賃に物凄い差があります。

つまり、2色アパートが高稼働率で、さらに家賃が崩壊していないということは、需要がある地域ということですし、その近くで部屋の広さや家賃などを調整すれば、入居募集は怖くないという考えです。

セブンイレブンの法則というのは、セブンイレブンは出店する際に多額の費用をかけてマーケティングをするということに便乗した手法です（笑）。

交通量なども関係するため、アパート需要と直接関係ない部分もあるかもしれませんが、大手企業がしっかり調査した地域というのは安心材料の一つとなります。

そもそも、セブンイレブンというコンビニ自体もブランドですし、近くにあったら喜ばれる施設です。

２）指値が通る物件なのかを見極めるための３つの質問

話を戻しますと、夜勤中にインターネットで発見した物件を、仕事終わりに車を飛ばして、現地に見に行きました。

空室は多いのですが、建物は築20年程度の重量鉄骨でしっかり建っていました。田んぼの真ん中に建っているアパートですが、上記の理由と土地勘があったので感覚的にイケルと思いました。

翌日、仲介会社さんに電話をかけて資料を取り寄せて、現地案内を申し込みました。

そして、次のような行動をしました。

- 売却理由を聞く
- 抵当権の有無を確認
- 指値は効くか確認

抵当権が付いている場合は、残債以下になるのは難しいでしょうし、特に売り急ぎではない場合は指値が効かないかもしれません。そこを見極めるための質問です。

その後、そのエリアの客付けに強い不動産会社さんへのヒアリングを行い、家賃や募集条件などが古いままなので、相場より少し安めに設定して、敷金礼金ゼロにすれば問題ないだろうという意見をもらいました。


そして、結論を言うと、ワタクシはこの3500万円の物件に指値をして買付けを入れ、2500万円で購入することになりました。利回りは23%です。

なぜ、そんなことができたのか、その過程をお伝えします。

まず、案内してくれた方にしっかり挨拶をして、個人情報をベラベラと話します。

業者は敵とばかりに個人情報をひた隠しにする方もいらっしゃいますが、自分の属性や購入できる客であること（＝実績がある）をしっかり伝えるのは、良い取引をする第一歩だと思います。

そして、売却理由を聞きます。このときは、所有者さんが高齢になり、アパートの後を継ぐ人もいないので換金しておきたいとの理由でした。

また、借入も終わっており、抵当権も抹消済みでした。

ここ2～3年で退去が続き、入居率が11室中3室にまで下がったのも、売却理由の一つだと思います。

ここまでの話を聞いて、「買いだ！」と思ったワタクシは、ポケットからiPhoneを取り出し、ローン計算アプリを起動して、次のように言いました。

「ワタクシは日本政策金融公庫と取引があり、以前も2500万円を借りたことがあります。ただ、15年返済でしたし、今回の物件を3500万で購入するとなると返済が回らないと思います。

せめて、現在の入っている3部屋で返済が賄えると安心です。そこで申し訳ないのですが2500万円になりませんか？（ローン計算ソフトを見せながら）値引きをしていただければ購入します」

我ながら、厚かましいお願いだと思います（笑）。

すると、仲介業者さんはこう答えました。

「売主さんとは昔からの知り合いで、交渉するのは大丈夫です。ただ、値引きしたけど買えないと言うのは困ります。まずは融資の目途をつけてからにして下さい」。

3）公庫の若手融資枠なら期間20年の満額融資も夢じゃない

翌日、物件資料を持って、日本政策金融公庫に行き融資を申込みました。確定申告、決算書を提出して、後日、面談という流れです。

仲介会社さんには15年返済で説明していましたが、チャレンジの意味を込めて20年返済で申込をして、空室が多い理由から6カ月の据置き期間をお願いしました。

申込金額はフルローンの２５００万円です。

面談自体はまったく手ごたえがなく、これまでになく簡略化された感じで、これはダメだったかな？　と思っていました。

その後も、通常は1～2週間で可否の連絡がくるのに3週間も何の連絡もなく、半分諦めた頃に、担当者さんから電話がかかってきました。

結果は満額ＯＫでした。条件も、こちらが希望した通りです。

具体的には、土地部分８００万円の金利が１・６％、設備部分１７００万円が１・２％で、全期間固定金利の20年返済です。

半年間の据置き期間があるので、元金を含めた返済は６ヵ月後からです。

返済は13・5万円なのですが、現況の3部屋の合計家賃は15・８万円あります。

つまり、返済分の目途は立っており、８部屋の空室が埋まれば、その分の賃料はすべてキャッシュフローになる計算です。

融資が通ったという結果を仲介会社さんに伝えると、その夜の9時に「指値が通りました」と返事をもらいました。

その後、１００万円の手付けを打って、契約を行いました。

都心部では公庫の融資は厳しくなり、期間10年までと言われることが多いそうですが、地方では若手や女性の起業家が少なく予算（融資枠）が余っているのでは？と予測できます。

また、これまで一度も滞納せずに返済してきたワタクシの実績も認められたのだと思います。

付け加えると、この物件は半年で満室になりました。

毎月、30万円以上のキャッシュフローを生んでくれており、有り難い存在となりました。

4）中古アパートの出口について

ワタクシが物件を買う時の基準ですが、格安のボロ戸建は築年数を気にしません。現金で買いますし、そもそも金額が小さいですので、すぐに投資資金を回収できます。その時点でリスクはほぼないため、出口はあまり気にしていません。

一方、アパートの方は、場所が良くても重量鉄骨で築30年くらいまでと決めています。購入する時点で、数年間所有して売ることを前提にしています。（もちろん、売れなくても保有し続けられるような買い方をするのは大前提です）。

例えば、築30年で買って、15年ローンを組んだ場合、支払いが終わったときは築45年です。

その15年の間に外装塗装や配管工事など、色々な修繕箇所が出てくるでしょう。そのときにリフォームするのは建物についての知識もいりますし、コストもかかります。ですから、売れる時に売るという意識を常に持っています。

一番いい時が最も売りやすいタイミングです。例えば、満室になったら売り時と考えます。

尊敬している投資家さんが、「家賃収入は妄想で、借金は現実だ」とブログで書いていて、ドキッとしました。

家賃収入は予定だけど、借金は確実にやってくる。

そういう意味で、数年で売却して利益を確定していくこと（リスクヘッジ）はとても大事だと思います。

もちろん、自分でリフォームができる人はまた違う戦略が考えられると思います。あえて古い建物を安く買って、再生して高く売ることで成功している人もいます。

ワタクシがそれをしないのは、そこに強みがないからです。

逆に、相場より安い中古物件を買って満室にするのは得意な方ですので、所有期間中はしっかりとキャッシュフローを上げて、市況などを見ながら数年保有し相場価格にて売るというのが、ワタクシのスタイルなのかなと思います。

7 知っている場所ならリスクを限定できる

どこに物件を買うかですが、ワタクシの場合は地元の富山市内と実家がある射水市内、現在住んでいる滑川市と、富山県内だけで勝負しています。

地元なので融資が付きやすいということもありますが、どの町が人気かわかりますし、物件の相場も理解しているからということも大きいです。


都会の人が地元の投資家が買わないような地域の物件をつまらない利回りで購入しているのを見ると、やっぱり自分の知ったところでやるのが一番かなと感じます。

関東のサラリーマンの方が、物件価格が高くて都会では買えないからと地方に進出しているのをよく見ますが、例えばおばあちゃんの実家が近いとか、転勤で住んだことがあるとか、そういった縁のある場所を選ぶのがいいのではないでしょうか。

そうでなければ、一定期間はそこに住んで徹底的にマーケティング調査をするような気合がないと、危ないと思います。

ちなみに、富山市はコンパクトシティとして知られています。行政がお金をかけて、街の中心に施設や人を集めています。

従来の日本では、北海道から沖縄まで均一に整備することを目指していましたが、財源が厳しくなり、すべての街にサービスを行き届かせることが困難になりました。

これは言い換えると、行政が、「お金をかけて残す町」と「そうでない町」に線引きをしたということです。

バスの本数だったり、雪かきの有無だったり、今後は、残す町とそうでない町とで、住人の暮らしやすさには差が生じてくると思います。

そうなれば、賃貸需要や家賃にも影響があるでしょう。融資や物件価格にも当然、かかわってきます。

この情報は都市計画などの市町村が発表している資料でわかります。

田舎であっても、人口が集中して増えていくところと、少なくなってくるところの二極化が進むと思うので、その点に注意して買うことが大切です。

コラム

法人で物件を買うメリットについて

ワタクシは初期段階で「法人」を設立して、現金で区分マンションを購入しました。

タイミングとしては、賃貸併用住宅、6戸のアパートを個人で購入した後、兄と100万円ずつ出し合い200万円で法人を設立しました。

なぜ新規法人で区分マンションを購入したかというと、法人でビジネスをした「実績」が欲しかったからです。

法人を設立することで、融資を受ける際、金融機関に対して事業の本気度とヤル気のアピールになります。

ちなみにワタクシは株式会社を設立しましたが、合同会社（LLC）でも問題ないと思います。

実際に、区分購入から1年以内に、設立した法人で日本政策金融公庫から2500万円の融資を引き、8戸のアパートを購入できました。

法人の設立費用や、税理士報酬などかかりデメリットもありますが、規模を大きくしていこうと思われる方は早期に設立して実績を積んでいくのが良いと思います。短期譲渡の制限が外れるのもいいですね。

また、「保証人」の問題にも一役買ってくれます。

ワタクシは、6戸のアパートと、8戸のアパートを購入した際に、兄に保証人になってもらいましたが、負担になっているのではと、気になっていました。

現在は、6戸のアパートは借換えをすることで保証人を外し、8戸のアパートは売却することにより、保証人を外しました。そして、8戸のアパートを売却したことにより、純資産が増えたのとこれまでの実績から、新築戸建と新築アパートは、法人の「代表者保証」のみで融資が通りました。

今後も、物件は法人で買い、保証人はワタクシ（代表者保証）というやり方で、買い進めていく予定です。税率としても個人が増税で、法人は減税という流れがしばらく続きそうです。

第3章

低資本から小金持ちになった仲間たち

この章では、不動産投資を始めて小金持ちになったワタクシの友人たちが、どのようにして不動産投資を始め、豊かになったのかを紹介します。

スタートの段階では、全員が普通のサラリーマンでした。そして今、まったく違う人生を歩んでいます。ぜひ読者の皆さんの参考にしていただければと思います。

一人目

家賃年収2・7億、お金の奴隷からお金の親友へ

防人1号さん（46歳）福岡県在住

【プロフィール】

会社員（20年勤めた職場を2019年3月にＦＩＲＥ！）家族は妻と子供4人。

2021年2月現在、妻名義の法人で45棟604室取得（13棟154室売却済み）。

全空のビル、アパート、マンション、戸建等の再生系をメインとしつつ、新築アパートや新築戸建も手掛ける幅広い投資スタイル。好立地、高入居率、返済期間の短さが特徴。

家賃年収 約2・7億円、投資総額 約26億円。

1）不動産投資を知らなかった頃から今の自分になるまで

不動産投資を知らなかった頃の自分は借金は悪、お金は汚いもので、投資は金の亡者がやるものと思っていました（笑）。

一方で、お金が十分にないことへの不安もあるという状態でした。

お金以外の目標を持って消防士に転職したのですが、結婚、自宅マンションや家具

家電、自家用車などの購入に子供の誕生と出費は多く、お金は常に足りませんでした。

常に節約に励み、お金に主導権を握られているように感じていました。

6年住んだ自宅マンションの周りがチラホラと賃貸に出たときに、家賃が13万円と想像以上だったので、賃貸に出して、新築戸建を購入しました。

その時に初めて「不動産投資でお金を儲ける」という仕組みを知りました。

図書館で加藤ひろゆき氏の『ボロ物件でも高利回り、激安アパート経営』を読み、こんな投資があるのか！　と衝撃を受けました。

この方が私の師匠です（ふんどし王子じゃなくてすみません・笑）

また、加藤さんが紹介されていた『金持ち父さん　貧乏父さん』シリーズも読み、自分がこれまでお金に対する勉強を全くしてこなかったために、「お金の奴隷」になっていたことを知り、これからは勉強と行動をしてお金と親友になろうと決意しました。

しかし、当時は全てに無知だったため、中古物件に融資がつくとは思わず、一棟目はリスクが少ないように思った家賃保証付きの新築アパートを購入しました。

同時期に自宅に営業に来た銀行マンに、アパート経営をしたいと相談したところ、ほぼ土地値のボロ物件を紹介してくれて、そちらも2棟目として購入しました。

ところが2棟目は6分の3が空室で、数カ月も持ち出しが続き、真綿で首を絞められる思いで夜もなかなか寝付けませんでした。

眠れない夜はひたすら読書をしました。加藤ひろゆきさん、ロバートキヨサキさん、吉川英一さん、藤山勇司さんの本を何度も読み返しました。

その後、2棟目は満室になりましたが、今度は1棟目のリスクが気になり始めました。利回りの低さ、フルローンのリスク、サブリースの終わる10年後の家賃などを冷静に分析した結果、いずれ破産する危険が高いと気づきました。

そのリスクをカバーする為、翌年からは、1000万～2000万円の高利回りの築古アパートをほぼ土地値で、年に数棟ずつ購入しました。

最初に失敗を経験したことで逆に度胸がつき、この物件は1～2棟目よりはマシだと買い続け、そのうち、1棟で1億円オーバーの物件も買えるようになりました。

2）勉強した方法

最初にどうやって勉強したかというと、読書と「健美家」のコラムです。あとはとりあえず行動して、失敗して改善すること。これを繰り返して経験値を高めました。

また、年に1回以上は成功して人望もある大家さんが主催するセミナーに参加しました。その後の懇親会で同じような境遇の仲間が出来て、一緒に成長できます。

3）今からゼロからお金を増やすならどうするか

まずは鬼のように節約して年間100万円以上、貯金します。

次に500万円以下の戸建か1000万円前後の木造アパートを土地値近くで購入し、ユーチューブを見てDIYでリフォーム費用を節約し、キャッシュフローは全て貯金して再投資します。

ペースとしては年に1～3棟ずつ購入して、個人で購入なら5年後以降、法人でも頃合いをみて売却することを絡めていきます。そのキャッシュを頭金にしてまた次の物件を買うという形で増やしていきます。

4）人生を変えたい読者へのメッセージ

不動産投資にはリスクがあります。しかし、何も挑戦しないで、失敗もしない人生のほうが遥かにリスクがあります。

完璧な準備や完璧な物件は100％ありません。とりあえず死ぬことはないなら、行動して、改善して、また行動すればいいと思います。

PDCAを同時に何ヶ所かで回し、何度でも繰り返しましょう。

ふんどし王子「最近の活動」報告

●地方創生、空き家活用！「令和の寺子屋（仮）」を設立

吉川英一さんのご実家を投資仲間や労働力投入できる入居者さんと一緒に改造しました。皆で集まれる場所にしたかったので、8畳と10畳の和室と、縁側までをぶち抜いてセミナー会場を作りました（笑）。おかげで30名は余裕で入る広さとなりました。セミナーの後は、懇親会を含めたバーベキューをしたのですが、とても楽しかったです。今後とも、不動産投資家育成道場や、お金の知識を身に着ける「寺子屋」にしていきたいと思います。

★空き家を活用したセミナー会場
http://u0u0.net/VEm3

●飲みに来るとお金持ちなる!?　BAR『Investor Lounge』のオープン

オープンした場所は、知り合いの投資家さんが保有しているソシアルビルで、6万円で募集していた場所を、お友達価格の4.5万円で貸していただくことが出来ました！　コンセプトは「飲みに来るとお金持ちなるBAR」を目指して運営していこうと思います。昼間の勉強会や、結婚式のあと2次会までにぽっかり空いた時間などで活用してもらうのも面白いと思っています。

●Stand.fmやClubhouseなどの新たな発信活動！希望者に向けた『俺メニュー』

コロナにより直接会うことが難しくなったことで、Stand.fmやClubhouseが不動産投資界でも流行っています。ワタクシもふんどし王子の名前でやっているので、Stand.fm（インターネット上のラジオ）を聞いてみてください。

★『ふんどし王子チャンネル』
https://bit.ly/2OGe9W9

ふんどしチャンネル

不動産投資や生き方の相談者も増えたので、最近では希望者に向けて、WEB面談（名称:『ふんどし王子の俺メニュー』（笑））などのサービスも不動産活動の傍らで行っています。

★『ふんどし王子の俺メニュー』
http://u0u0.net/R5Vp

俺メニュー

あとは、自分だけが豊かになるのではなく、関わる人全てを豊かに幸せにする、ありがとうをたくさん集めるといった他者や地域に貢献する意識を忘れずに行動していけば、間違いないと思います。

失敗しても諦めなければ、人生には成功しかありません。死ぬまで情熱の炎を燃やし続けましょう！

☆おまけ　参考になった本

加藤ひろゆき氏、ロバートキヨサキ氏、吉川英一氏、藤山勇司氏、本田健氏、バリ島兄貴こと丸尾氏、ありがとうの神様 小林正観氏、福島正伸氏、ひすいこたろう氏、嫌われる勇気 岸見氏、堀江貴文氏の本をよく読んでいます。

☆最後に　人生を変えたブレイクスルーのきっかけ。人、本との出会い

加藤ひろゆきさんの本と出会い、7年後にご本人に会いに北海道に行ったこと。健美家の大家列伝に掲載されたこと。極東船長プレゼンツセミナーの第1回目にふんどし王子さんとポールさんと私で講師をさせて頂き、その後、4人で飲んだこと。この夜は一生忘れません！　また、2021年からは健美家でのコラムの連載も始まりま

した。(https://www.kenbiya.com/ar/cl/sakimori/)

不動産投資を始めて、本当によかったです。

二人目

30歳でセミリタイア、北陸で投資家&事業家に

河上伸之輔さん（40歳）石川県能美市在住

【プロフィール】

事業家兼業投資家。家族は妻と3人の娘。会社員だった26才の時に不動産投資を始め、30才でセミリタイア、現在はワコーキングスペースの経営など、様々な事業を手掛ける。著書に『元手500万円から資産20億円！どんどん買い進める〝北陸不動産投資〟術』（ごま書房新社）がある。アパートやマンションの他、オフィスビル、商業ビル、リゾートホテルなども所有、年間の家賃収入は約2億円。

石川県金沢市を中心に北陸地方で不動産賃貸業をはじめ、いくつかの事業を経営しております河上伸之輔です。

現在、40歳で同い年の嫁と娘3人と暮らしています。生まれは京都ですが、東京で就職、14年前に嫁の実家のある石川県に引っ越してきました。

小さい頃からお金持ちになりたいと漠然と考えており、大学生の頃から株式投資を開始し、大学を卒業して証券会社に就職しました。

証券会社に就職した理由は3つあります。

①『金持ち父さん、貧乏父さん』を読んでいたこともあり、若いうちに給料が上がりやすい企業を選んだ、②投資の勉強ができると考えた、③厳しい環境で勝負をして自分を鍛えたかったというものです。

投資の勉強ができたかどうかは微妙ですが、20万円の給料を10万円貯めて1年間で約100万円、給料がだんだんと上がってきて3年間で500万円の貯金をすることができました。

大学生の頃から付き合っていた彼女が石川県出身で、地元で公務員をしていたのですが、3年経って東京へ呼び寄せようとしたら断られ、石川に来ることになりました。

それまでも株式投資を中心に資産運用を行なっていたのですが、不動産投資にも興味があり、26歳の時に530万円で区分所有のマンションを購入しました。

すでに入居者がいるオーナーチェンジ物件で、管理費や修繕積立費を引いて月に5万円程度が残りました。

正直、ずっと証券会社の仕事をしていくのは辛いなと思っていたのですが、このままコツコツとお金を貯めて物件を購入していけば働かなくても生きていけるようになるのではないかという希望が芽生えました。

それから約3年後、リーマンショックが起こり、不動産価格が大暴落しました。

その3年間も給料を貯め、家賃収入も貯め、手元には1000万円くらいの現金がありました。

暴落した時に不動産を買おうと考えていたので、千載一遇のチャンスが訪れたと感じました。嫁から300万円を借りて1300万円を頭金に諸経費込みで9300万円の鉄骨アパートを1棟購入しました。

築10年で利回り15％程度あり、今では考えられないくらいの良い案件でした。融資環境は厳しかったのですがよく融資がついたと思います。

その後も毎年少しずつ買い進めていき、30歳でキャッシュフローが700万円くらいになりました。田舎で贅沢せず生きていくのには困らないだろうと、この年にサラリーマンをリタイアしました。

リーマンショックを機に証券会社からM＆Aのコンサルティングを行う会社に転職していたため、仕事はエキサイティングでした。ただ、子供の寝顔しか見られないような生活で、このままでは幸せではないなと感じていたことから、30歳を自分の区切りと考えました。

セミリタイア後は9カ月くらいの間、働かずに子供の送り迎えをしたり、東南アジアを放浪したり、プチ自給自足生活のような生き方をして、「幸せ」について考えました。

そして、ある程度のお金と、自由な時間、健康であること、豊かな人間関係に恵まれること、使命を持つことを幸せの5つの要素と捉えました。

自分の使命、何に自分の命を使うのかと考えた時に、このままのんびりと働かずに暮らすという選択肢はありませんでした。

自分が証券会社の時に経験をした仕事のつまらなさ、これは会社への依存から生まれるものだと考え、誰もが自立して楽しく働ける社会を創りたいと考えました。

お金のために働かなくてよい自由を手に入れたことで、仕事に前向きに取り組むことができ、仕事が楽しくなりましたし、成果も上がるようになったという経験をしたからです。

今はコワーキングスペースを立ち上げたり、起業の相談にのったり、いくつかの会社に出資もしています。

僕と同じようにお金の自由を手に入れたい人に対して、「北陸不動産投資支援会」という不動産投資のコミュニティを運営しています。こちらは約90名の方が参加してくれており、たくさんの大家さんが誕生しています。ふんどし王子さんにもセミナーをして頂きメンバーとなってもらいました。

今はお金のために働く必要はなくなったのですが、サラリーマンの頃よりもたくさんの時間、数倍のエネルギーを使って働いています。毎日寝落ちするまで活動しています。何が仕事か何が遊びかという区別がつかない状態で、毎日やりたいことをやっています。

2018年は金沢大学をはじめ4つの学校でアントレプレナーシップについての講義を行いました。

不動産投資の本も執筆し、オンラインサロンも立ち上げました。不動産投資だけでなくいくつかの分野で全国で講演もしています。クラウドファンディングも立ち上げました。

相談にのった事業は50ほどあると思います。出資先の「世界で2番めにおいしい焼きたてメロンパンアイス」では代表取締役会長として、経営に携わっています。

２０１９年には子供の留学のため、家族でインドネシアに住むという経験もできました。

幸せな人生を歩むことができています。それは、やりたいことができているからです。

僕はマハトマ・ガンジーの「明日死ぬかのように生きよ、永遠に生きるかのように学べ」という言葉を胸に生きています。明日死ぬとわかっても、いつもと変わらずに「今日やりたいことをやる」人生を生きたいと思っています。

ここからは、今から不動産投資を行いたいと思っている皆さんへのメッセージです。

知識を身につけることは難しくありません。優良な書籍もありますし、ネットから無料で情報を得ることもできます。

僕も自分のサイトで6時間の不動産投資の講座を無料で公開しています。その上で行動を起こすことができるのかということが重要です。

僕はそのためには環境が大切だと考えています。

不動産投資をやりたいと周りに相談しても「そんなこと無理だ」「やめておきなさ

い」とみんなから言われたら難しいのかなと思ってしまいます。

でも、周りのみんなが不動産投資で成功していたり、行動をしている人たちなら自分もできるだろうと考えると思います。

僕が不動産投資をスタートした時代は、不動産投資に関する書籍も少ししかありませんでしたし、周りに不動産投資を行なっている人を見つけることが大変でした。

その時と比べると今は調べて行動すれば、不動産投資の情報やコミュニティにアクセスすることは難しくありません。

不動産投資の成功は人生のゴールではなく、素晴らしい人生のスタートです。

お金のために働かなくなってから自分の人生をどう生きていくのか、皆さんお一人お一人が自分の可能性に挑戦して幸せな人生を送れることを願っています。

三人目

ボロ物件と新築投資のハイブリッドで家賃年収6000万円

ポールさん（37歳）富山県在住

【プロフィール】

大学を卒業後、富山でサラリーマンになる。2013年に不動産投資を始め、2018年にセミリタイア。所有物件は戸建31戸、ビル1棟、アパート7棟、この他にアパート2棟を建築中。アパート完成後の家賃年収は約6000万円弱、CF3000万円超を見込む。2019年に著書『手取り17万円の勤め人が「僕ちゃん天才」と言い始めたら年2400万円稼げた超成功法則』（ダイヤモンド社）を出版。

皆様こんにちは。破天荒クレイジーマインド大家の「ポール」と言います。

自称大人気天才ブロガーの37歳、2018年に会社員を辞め、専業大家になりました。

前回のふん様（「ふんどし王子」氏の愛称）の本でも寄稿を書かせていただいたので重複する部分が多いかもしれませんが、僕の不動産についてお話しさせていただきます。

もともとお金が大好きだった僕は、3交代勤務でサラリーマンをしながらその合間にアルバイトをしていました。

しかし、肉体系アルバイトだったため、体に負担がかかり、ある日突然血尿が出てしまいました。「このままでは死んでしまう」と思い、体に負担がかからない金儲けを探すことにしました。以前、株で失敗していたため、株やＦＸは除外です。

そこで、「不労所得　富山」と検索しているとふん様のブログが出てきました。

それを読んでいるうちに、「これだ！　自分も金持ちになるためには不動産投資をするしかない」と思ったのが不動産投資を始めたきっかけです。


最初の頃、僕はふん様のことをネットストーカーしていました。

そして、ふん様がセミナーを開催する、とブログで書いてあるのを見つけたのですが、「これは大家さんじゃないと参加してはいけないんだ」と勝手に思い込み、６５０万円で出ていた４ＬＤＫの区分マンションを、当時乗っていた高級車やコレクションしていた高級スニーカーなどを全部売って、血尿を出しながら貯めたお金で指値を入れて、３５０万円で買いました。

これが記念すべき最初の物件です。

ここから僕の不動産投資人生が始まりました。

しかし、350万円も払ったのに毎月55000円しか家賃が入ってこず、「全然儲からないな」というのが正直な感想でした。

そこから鬼のように本を読んで勉強し、物件を売ってみたり買いまくったり、新築を作ってみたりメルカリヤフオクで500万くらい儲けてみたり、シェアハウスを作って利回り80%にしてみたりボロ戸建を直して利回り100%越えを連発してみたり、転貸してみたり、全空アパートを買って再生させて利回り80%にしてみたり、ビルを買ってみたり、様々な投資法に挑戦しました。

そうしていく中で資産を積み上げ、物件を買いまくり、気付いたら現在の規模は現在進行している新築も合わせると94室、家賃年収は4000万円近く、借金は2億5000万円となり、この前の本の寄稿の時から約一年で家賃も借金も3倍以上に増えました。

一年前は無借金でキャッシュフロー月200万円を目指していました。

しかし、ある時ふん様が何気ない会話の中で、「若いのにレバレッジを効かせないのは不動産やってる意味がないって○○さんが言ってたｗｗｗ」と話しているのを聞き、その言葉がなんとなく頭の中に残りました。

そして、「確かにそうだな、まだ若いから時間を味方につけてレバレッジをきかせないともったいないな、「不動産投資の最大のメリットは融資を引くことだもんな」と、レバレッジを効かせる投資法にシフトしました。

勉強の方法ですが、本は今まで300冊以上は読んだと思います。

セミナーも30回以上は参加して、特に極東船長さんの考え方、人間性にとても魅力を感じて尊敬しています。北海道に行けるときはできるだけ極東船長さんのセミナーに参加し、高いマインドを維持したいと思っています。


2018年は僕にとってブレイクスルーになった一年でした。

僕は超ぼろい戸建を購入しており、この年もボロ戸建を10戸以上買ったのですが、全ての物件で買う前に客付けをするというスキームを確立しました。

不動産屋さんに客付けを断られた物件では自分で客付けをすることにより、空室の期間がないことやリフォームをせずそのまま貸しているのですが、利回りが100%前後なため、爆発的に資産とキャッシュフローが増え、銀行の評価も上がり、一棟ものの融資が閉まった現在でも、バンバン融資が通る状態です。

この1年間で、利回り80%のアパート、利回り25%のビル、平均利回り100%の戸建てを10戸以上買いました。現在も新築アパート3棟26室を建築中です。

こうして書くと、一年でよくこんなにいっぱい買ったなと思います。

気づくと、目標としていた月キャッシュフローが200マン円もクリアしていました。

ここまで来られたのは、ふん様のおかげです。彼の魅力は、幼き日のもがき苦しみ悲しみから来る、人の気持ちをわかってあげる理解力と優しさと義理堅さ、そして柔軟な発想力から生みだされる融資方法とそれを実行する行動力にあると思います。

僕も多くのことを学ばせてもらいました。彼が言っていた融資の使い方を実行してシェアハウスを作ったりしました。

ふん様には、人と人の繋がりの大切さも教えてもらいました。

恩や義理を大事にして筋を通してこなかったら、今の自分と仲間との関係はなかったと思います。彼はそういう人間的な部分でも僕に大切なことを教えてくれました。

今から始める人にアドバイスするなら、まず自己資金をしっかりためて、本を100冊以上読み、しっかり勉強してから、死なないレベルの投資をするということが基本です。

その時、自分がいつまでにどうなりたいかをイメージして始めるのがいいのではないでしょうか。そして、成功するには同じくらいのレベルの大切な仲間を作ることがカギになると思います。

勉強ばかりで頭でっかちにならないように、スモールビジネスから始めてみたほうがいいと思います。行動しないと成功は近づいてこないですからね。

僕の座右の銘というか、いつも言っていることは「成功するまでやる。途中でやめるから失敗になる」です。

富山のド田舎にシェアハウスを自力で作った時も「絶対無理だ」とみんなに言われていましたが、なんとかシェアハウスを完成させ、入居者を自力で決めまくって、満室にして売却し、1000万円近く利益を上げることが出来ました。

途中で何回も心が折れそうになりましたが、ここでやめたら失敗に終わると思い、成功するまで粘り強くやり続けた結果です。

他にも全空室ボロアパートや壁のない家を壁のないまま貸すなど、様々なことをしてきました。

その話をすると、ふんどし王子に、「そんなの無理だ」と、よく言われていましたが、最近では「一般人には無理だけど、ポールさんならできるんじゃないw」と言われるようになってきましたw

そして、そんな彼と「会社を辞めたら世界一周しよう」と言っていた夢も達成することが出来ました。

僕は気軽な感じで旅行に行きましたが、今振り返って感じるのは、この世界一周記はまさに自己肯定感が低いふんどし王子の成長日記であったということです。

僕は彼の日に日に成長する姿を目の当たりにしました。

彼はもともと自分に自信のないキョドキョドした童貞野郎だったのです。それを日々挑戦し、成果を上げ、自信をつけて、人前でふんどし姿で踊れるようにまでになったのです。

彼は外国に行った瞬間にまた不安全開の自信のない彼に戻っていました。そのとき、僕は「あ、この人はもともとこういう人なんだ」とあらためて理解しました。

しかし、その後の成長は目覚ましかったです。最初、全く英語をしゃべる気配もなかった彼が、最後には自分から空港職員に話しかけているではありませんか。

彼は「海外にいたら色々大変なことがある。それに比べたら日本は何をするにも簡単なのに、なんでこれまでやってこなかったんだろう」と、世界一周で自信がついた様子です。

そして、世界から見た日本を感じてまた一回り大きくなっておりました。

と、全体的に上から目線で書いてみましたｗ。

その具体的な抱腹絶倒の世界一周記は僕のブログ（http://poul924.blog.fc2.com/）をぜひご覧ください（宣伝乙ｗｗｗ）。


人生を変えたい読者へのメッセージです。

人生を変える方法は３つしかない。


１つ目は時間配分を変える。

２つ目は住む場所を変える。

３つ目はつき合う人を変える。


これを行動に移せるかどうかだと思います。そんなの無理だって！　と言い訳ばかりしている人と、できることから行動してみよう！　と思う人とでは、一年後に大きな差がついていると思います。

というここで色々書かせていただきましたが、僕はふん様と出会ったことで大きく人生が変わりました。

2019年には『手取り17万円の勤め人が「僕ちゃん天才」と言い始めたら年2400万円稼げた超成功法則』(ダイヤモンド社)も出版することが出来ました。

ほんの少しのきっかけと行動で、人生は大きく変わると思います。

この本と僕の寄稿を読んでいただいた方が、人と人との出会い・繋がりを大切にして、ステキな人生を歩まれることを心より願っております。

四人目

社会人3年目で大家デビューし、27歳でセミリタイア!

レイシーさん(34歳)新潟県在住

【プロフィール】

学歴はFラン大卒。学生時代からパチスロで資金を貯め、社会人3年目で不動産投資を開始、5年目でセミリタイア。不動産投資歴9年で、アパート8棟56室、戸建21戸、区分マンション3戸、テナントビル2棟9室に投資。その他に住宅用地、サッカースタジアム駐車場などを所有。家賃収入は約2800万円、借入総額は2090万円(2021年2月現在)。


新潟で不動産賃貸業を営む「レイシー」と申します。

私は二人兄弟の弟として生まれました。両親は共働きだったので貧乏ではなかったですが裕福でもなく、平凡な家庭だったと思います。

幼少期よりお金に関心が強かったのか、もらったお年玉を貯金しては通帳残高を確認してニヤニヤする変わった少年でした。

しかし、7才の時に両親による着服が発覚。必死に貯めた40万円は実家の建て替え資金に消えてしまいました。この時初めて預金で運用することのリスクを知りました（笑）。以来、コツコツ貯蓄することをやめました。

7才で無一文になった私が、初めて投資に興味をもったのは大学生の時です。当時はスロット全盛期で、小学生レベルの算数と自制心があれば誰でも勝つことができました。このビッグウェーブに乗るしかないと思った私は、学業そっちのけで仲間と共に立ち回り、大学卒業までに1000万円ほど貯めることができました。

スロットの稼働により増え続ける資金は、必然的にその「運用」にも迫られます。

こうして2006年、20才の誕生日に某ネット証券の口座を開設し、株による運用を始めます。と言っても最初は何もわからず、スロット同様に論理的、合理的に勝つためにどのように取引すればよいのかと、参考になりそうな本やブログを片っ端から読みました。

同時に、多少の損失を出しても身銭を切って経験した方が早く学べるだろうと、父親の推奨銘柄「キヤノン電子（証券コード7739）」を買ってトレードデビューを果たします。

その後、外食、IT、アパレル関連銘柄をちょろちょろいじりながら50冊ほど本を読み終えた頃に、「効率的市場仮説」に触れ、ある結論に辿り着きました。

「株は運ゲー」

詳細は割愛しますが、株式市場は私が思っていたより遥かに効率的で技術介入的な要素はないと思いました。

いくら勉強しようともマーケットの女神様の気まぐれに大きく投資成果を左右されるのが株式投資です。（言い方を変えれば、これほどド素人でも簡単にプロに勝ててしまうゲームはないと思います）。

投資用語でいうところのコツコツドカンを7才で経験していた私には向かない手法だと確信し、僅かな利益を手に市場から撤退しました。

株式投資に失望した私が次に興味を持ったのが、不動産投資でした。

マネー誌等で不動産投資の記事を目にする度に、どこか敷居が高く、まだ自分のステージではないと思い込んでいましたが、加藤ひろゆきさんの『ボロ物件でも高利回り激安アパート経営』という本に出会い、そのイメージが180度変わりました。読み終えた瞬間に「コレしかない！」と思い、その他の不動産投資関連書籍、ブログを読み漁りました（この頃「やまざるリッチさん（現ふんどし王子）」のブログを発見）。

折しも就職活動真っ只中。

当初、サラリーマンを長く続ける気はなく、30歳までには不動産所得だけで生計を立てようと思っていたため、関連知識が学べる不動産業への就職を第一に考えていました。

しかし、「持たざる者」の自分が目標を達成するためには、融資を使った事業規模拡大が不可欠です。

本やブログで低属性ゆえ資金調達ができない投資家さんの苦悩をよく目にしていた私は、一日でも早く大家業のスタートをきれるよう、不動産業界ではなく、全く興味のない地元の金融機関に就職することにしました。

就職後2年間は融資も難しいだろうと思い、ひたすら勉強していました。

資金は1200万円ほどあったので中古区分の現金買いも考えましたが、手残りが少ないことと資産性のない物件にキャッシュを使うことで後の融資に影響がでると考えて我慢しました。

この頃は寝ている時以外は不動産のことを考えていたと思います。

「大家歴48年の大ベテラン・博多のゴッドマザー」と加藤ひろゆきさんの対談CDを爆音で聞きながら通勤しているところを後輩にバレて、「レイシーさんは瀬戸内寂聴の講話を聴きながら出勤している」と流布されたのはいい思い出です（笑）。

待望の一棟目は社会人3年目の2012年1月に購入しました。木造築8年、1K×8世帯、価格2500万円、利回り16％の物件です。

現金は温存してフルローンで購入しました。

利回りはツマラナイですが、客付けも楽で売却するまで手間もかからなかったので兼業大家にはちょうど良かったかもしれません（6年間所有し、3100万円で売却済）。

同年8月に2棟目を購入しました。木造築34年、2DK×10世帯、価格800万円、利回り53％の物件です。

6世帯が空室でしたが、一棟目と同じく、フルローンで購入できました。

この物件では、初めて外壁塗装を含めたDIYによる再生に挑戦しました。

本業が終わった後に高速に乗って物件にいき、深夜2時までペンキを塗ったこともあります。

加藤ひろゆきさんのマネをして外壁塗装を実施したところ、周囲から「中国のＩＫＥＡみたいだ」と批判を受けましたが、優秀な賃貸営業マンとの出会いもあり、すぐに満室となりました。この物件は4年間所有した後、２４００万円で売却しました。

資産拡大に大きく寄与してくれました。

その後、新潟市中心部のテナントビル１棟と区分2戸をセットで９００万円（フルローン）で購入した私は２０１４年春、周囲の反対をよそに5年勤めた会社を辞めることを決意。そして27歳の時、退職後も融資に影響がないことを銀行に確認した上で退職しました。

この時のキャッシュフローは月60万円程度。あまりにも脆弱ですが、それでもリタイア生活に踏み切った理由がいくつかあります。

ひとつ目は手元に１５００万円ほど残していたこと（私は月10万円あれば暮らせます）。

二つ目は、月三十万の給与のために時間を拘束され、自分でやれば一週間で済む仕事を、30万も払って外注している状況では働く意味がないと感じたことです。

給与所得を得るより、仕事を辞めて外注費の圧縮を図るほうが合理的だと考えました。最後は一番大きな理由ですが、20代という人生において最も貴重な時代をサラリーマンで過ごすことは非常にもったいないないと感じたことです。

よくふんどし王子さんと話すのですが、「20代の1年を2億円くらいの価値とするならば、その大部分を年収500万円のために犠牲にするのは1億9500万円をドブに捨てているようなもの」だと思います。

今思えば、もう1年早く辞めればよかったと後悔していますが、「安定」の代償として払った時間は戻ってきません。

専業大家となってからは徐々に難易度の高い築古物件に傾倒して規模を拡大、現在も毎月のようにボロ家、ボロアパートを現金買いしています。

地方では物件をタダでくれたり、場合によっては数十万円のお金をもらって物件を引き取る取引がたびたびあります。

これらの物件には価値がないかというとそんなことはなく、家賃さえ安ければクリーニングだけで入居は決まりますし、利回り20％で売り出せばすぐに200万円程度の利益が得られます。

「リスクとリターンはトレードオフ」ということは投資家のみならず広く知られていますが、この定説を覆す魅力的な案件が、流動性の低い（＝歪みが大きい）地方の不動産投資にはたくさんあるのです。

豊かな国日本に生まれ、車と中古マイホームを現金で買い、借入総額を上回る流動資産を持ち、不動産から毎月家賃を頂く。

上を見ればキリがないですが、車も食も住居もファッションも特にこだわりがない私にはこれで十分にプチリッチな生活が送れます。

今後も不動産を買っていくと思いますが、無理な拡大は自分の時間を奪うだけなのでバランスを考えて投資していきたいと思います。

無能な私がここまでこれたのは、先人達が培ってきたノウハウのおかげです。

とりわけふんどし王子さんのブログとの出会いは、不動産投資に対するメンタルブロックを外すきっかけとなりました。実務的なノウハウ以上に重要な学びもありました。

彼は私を含め多くの人に愛されます。

「欲しければ与えよ」という言葉がありますが、これを体現しているのがふんどし王子です。10年以上も有益な情報を無料で公開し続け、面倒なことも率先して引き受け、宴会ではふんどし姿で踊ります。このような姿勢が反響を呼び、そこに集まる人と情報がさらに彼の付加価値を高めるのだと思います。

人生を拓くきっかけをくれたふんどし王子さんに、この場を借りて御礼申し上げます。

これから始める方へのアドバイスを書かせていただきます。

まず、自分の財務状況を客観的に分析することをオススメします。兄もアパートを所有しているのですが、そのために乗っていた車を売って、マイカーローンを完済していました。

キャッシングの利用などがある方は投資以前の問題ですので、利用に至った経緯を自己分析しつつ、早期完済を目指したほうがいいと思います。

次に給与の一部を投資資金としてプールする習慣を身につけることが不可欠だと思います。平行して書籍、ブログ、セミナー等でしっかり勉強しましょう。

２００冊程度読めば自分の価値観や置かれている環境を踏まえたうえで、だいたいの方向性がみえてくると思います。

ブログやセミナー、ＳＮＳで仲間やメンターを見つけることも大切ですが、自ら何も提供することなく情報や人脈を欲しがるクレクレ君は相手にされません。

自分に何も提供できるものがないのであれば、リフォーム等のお手伝いをかってでれば、喜んで仲間に入れてもらえると思います。

単に不動産投資といってもその手法は様々で新築・築古、木造・RC、地方・都心部、現金・借入など多くの選択肢があります。

ご自身の置かれている投資環境、価値観、目標設定と期間などにより最適解は異なりますが、どの道を選んでも最終的に目標地点に辿り着くことができます。

最後にメンタル的なアドバイスをひとつ。

不動産投資で経済的自由を得ることは特別なことではなく、さほど難しくもありません。

ふんどし王子さんの以前のブログでも同じようなことが書いてありましたが、これは「筋トレして筋肉をつける」とか「楽器を習ってそこそこ弾けるようになる」と同じレベルの話で、正しい方法を理解して愚直に実行すれば誰でも到達が可能だと断言できます。

特別な才能やスキル、センスは不要で、オリジナリティにいたってはない方が良いです。

賃貸経営のノウハウは出尽くされているので、先人の知恵を借り、失敗を避け、良いと思うところだけを徹底的にパクるだけ。自己流でトリッキーなプレーは必要ありません。

しかし、この本を読んでいる全ての方が経済的自由を手に入れられるかといえば、そうとも思いません。

なぜなら実際に行動に移す人はごく少数だからです。

「成功者が一握り」なのではなく、「実行者が一握り」というのが現実です。

この本を読み終え、すぐに行動を始めた人は、既に明るい未来が約束されていると言っても過言ではありません。

行動を変えなければ未来は変わりませんが、その行動の変化を阻害するものが日常生活にはたくさんあります。

メンタルブロックは外そうとしている「今」が不動産投資最大の難所だと思って一歩を踏み出してみてはいかがでしょうか？

皆様の夢の実現、まずはそれに向けて一歩踏み出すことを心から願っております。

五人目

事故の不運を乗り越え、不動産業で独立

Ｓａさん（38歳）某地方都市在住

【プロフィール】
大学生だった25歳の時に事故に遭い、後遺症が残る。その後、不動産会社に就職、不動産投資に興味を持つ。２０１３年、31歳の時に不動産投資を始め、現在は16棟91戸を所有、家賃年収は４２００万円。現在は独立し、自らが代表を務める会社で宅建業を営んでいる。

「Ｓａ」と申します。36歳、某地方都市で宅建業を営んでいます。

ふんどしさんとは、富山で行われたセミナーに参加したのを機に知り合いました。

私は大学最後の年に遭遇した事故で重度の後遺症があります。右手機能全廃。左目下転障害。現在も右手は動かせません。

事故に遭った時は25歳。9時間を超える手術や1年以上もの入退院、日に日に痩せていくく右手を見ることで、死は一気に身近な存在となりました。

「このまま何も成し遂げずに死ぬのか」と、悔しい日々を過ごしたのを覚えています。

退院後は内定していた県外のハウスメーカーに就職するつもりでいたのですが、父親が勝手に辞退してしまったせいで、ゼロから就職活動をやり直すことになりました。

そこで、入院中に宅建士の資格を取得し、新潟の不動産会社への入社を目指しました。ハウスメーカーに内定した当時と違い、リーマンショック後の就職市場。まして新卒カードを使い切った中途での再就職は困難を極めました。

どこに行っても門前払いでした。また、事故相手との係争による心労で、この頃は正気を保つのが精一杯の日々が続きました。

やっとの思いで就職出来た不動産会社は社長と私しかいないところで、社長は重役出勤の上、日中の大半を外出していたため、業務については全く教わることも出来ない中、独学で必死にやり方を覚えました。

お茶出しから物件案内、契約業務、経理と基本的にほぼ1人でこなさなくてはならず、しかも会社の電話は私の携帯電話へ転送されていましたので、大変忙しかったです。

運転中に電話が鳴ると停車して電話する余裕すらなかったので、ハンズフリーで受け、伝えられた要件や電話番号は暗記していました。

公休で友人の結婚式に出た時ですら転送されてきたのはさすがに参り、辞めようとも思いました。

しかし、大変でしたがおかげで数年すると一通りの業務を覚えることが出来ました。

不動産会社に入社する前は、アパートや1棟マンションを所有するオーナーに対し、お金持ちで特別な人というイメージがありましたが、入社後、売買仲介の顧客や会社の管理物件でオーナーと話したりする機会が多くなると、そのイメージは払拭され、この人でも出来るなら自分でも出来るかもしれないと思うようになりました。

当たり前ですが、どんなすごい家主さんでいくらお金を持っていても、羽が生えて空を飛べたり目から熱線を出したりする人はいません。

人間とチンパンジーの遺伝子の違いですら1%しかないという通説があります。だったら同じ人間がやっている事で出来ないことなんてほどんどないのではと考えたら、不動産投資の敷居が下がりました。

「行動しなければ待っているのは更なる状況の悪化」

「明確な根拠はないけれどなんだか自分でもやれそうな気がする」

激務で薄給という危機感が背中を押し、元々石橋を叩き壊すほど慎重だった自分が1棟目購入を決意しました。

その後も、物件を買い進めています。

個人的な感想ですが、ふんどしさん王子さんも特別な事が出来るわけではありません。ただ、自分の置かれた環境を理解・活用し、行動出来たからこそ人生を変えられてきたと思います。

はっきり言うと、ブログにせよ書籍の出版にせよ不動産の購入にせよやろうと思えば誰でも出来ます。

ただ、多くの人は、忙しいからやらない等の理由探しばかりで、行動に起こしません。

ふんどしさんは行動の結果、盟友のポールさんを始め、全国の様々な人に出会い、互いに切磋琢磨して不動産購入や本業の退職、最近では世界旅行まで達成しました。

車が欲しい、結婚したい、家を建てたい、子供を良い学校へ行かせたい、海外旅行に行きたい。人生は何かとお金が掛かります。

かつて当たり前とされていた事は平均年収の下落や少子化の影響で当たり前ではなくなってきています。

時には何かを我慢して、目標に向かって邁進する時期も必要です。

家賃年収が数億円ある大家主さんも、初期の頃は電車賃を節約するために歩いて移動したり、安い賃貸住宅に居住したりしていた方もいます。

成功したのは、社会的体裁など気にせず、自らが定めた目標に向かって行動していたからでしょう。

人はそれぞれ、資産背景や生活環境、性格等も含めて置かれている状況は皆、異なります。到達したい先は「幸福」だとしても、それぞれ目指し方が違ってくるはずです。ところが、「幸せになる」という目標に向かって生きているはずなのに、ついつい「同級生がしたから自分もやらなければ」「何歳だからこうでなければならない」と、隣の芝生と比較して、自分の行動を決めてしまいがちです。

なぜそのような行動をしてしまうかというと、「路線を外れることは悪である」と、長い義務教育や、マスコミによって無意識のうちに刷り込まれているからだと思います。しかし、それでは自分ではなく、「他人の価値観で生きる」ことになってしまいます。

当然ですが、自らの選択に誰も責任は取ってくれません。

アパートの賃料並みの支払いで購入出来るからと、無理して資産価値のないような建売住宅を購入して身動き取れなくなった人、資産運用とは名ばかりの例のシェアハウス問題で勝ち組どころか、家族をも不幸にしてしまった人。

失敗した人は、自分の軸を持たずに他人の言葉に全てを委ね、盲目的に行動してしまったのでしょう。受け身ではなく主体的に考え、行動することが必要だと思います。

今、手持金がなくて不動産投資のスタートが切れずにいる方は、駄目もとでも金融機関や不動産会社を訪問してみてはいかがでしょうか。

仮に冷たくあしらわれたとしても、今の自分に何が必要か、どうすれば状況を変えられるのかを学ぶことが出来ます。

知恵を絞ることと覚悟を決めて、何でも行動に移すことだと思います。

また、固定概念にとらわれず「本当にこれは〝今〟必要か」と、自らの生活をもう一度検証してみることも重要でしょう。


片手しか動かない私でも、今では細々と食べて行けるだけの家賃収入が出来ました。勤めていた不動産会社を退職・独立して責任もありますが、現在は他人に左右されずにやりたい仕事を選べるありがたさを甘受しています。

本書をきっかけに、どなたかの眠っている行動力が発揮され、存分に社会に還元されることをお祈りしています。

第4章

マスターマインドで成長が加速する

この章では、ワタクシがどのようにメンターと出会い、仲間たちと成長してきたのかを紹介します。

ワタクシがここまで来られたのは、間違いなくメンターや仲間たちのおかげです。

不動産投資を始めるだけなら、書籍やブログで情報収集するだけでもできたと思います。

しかし、中古物件の売買でキャッシュを増やし、そこに差別化を利かせた新築アパートや戸建を取り交ぜつつ、会社員を辞めてからも融資を受けられるような「事業」として成り立たせるのは、難しかったと思います。

一人ならもっと遠回りをしたでしょう。

一人が悪いわけではありませんし、一人が好きな人もいると思います。

しかし、ワタクシのようにだらしのない人間にとって、仲間は間違いなく「パワー」です。

1 メンターの見つけ方

ワタクシには地元の吉川英一さんと、北海道の加藤ひろゆきさんというメンターがいます。

別に契約書を交わしているわけではありませんが、勝手にそう思っています（笑）

他にも、たくさんの尊敬する先輩がいますが、このお二人をメンターとしているのは、初期の頃にその投資手法に大きな影響を受けていることがあります。

吉川さんは地元が同じで、「サンデー毎日倶楽部」というワタクシや仲間たちが加入している投資家の集まりを主催してくださっています。

ブログ（http://a1yoshikawa.blog61.fc2.com/）を読んでいたら、アパート見学会のお知らせが載っていたので、ドキドキしながら参加したのが出会いです。

「ファンです」と言って自己紹介をすると、「若いのに、すごいね」と言って、サンデー毎日倶楽部の温泉合宿に誘ってくださいました。

何かにつけて集まっている、会いにいけるメンターです（笑）

学校のように先生と生徒に分かれて何かを教えてもらうという形ではありませんが、わからないことがあると相談に乗ってくれる頼もしい存在です。

ちなみに、妻は吉川さんの小学校時代の同級生の娘です。ご縁とは不思議なものだなと思います。

加藤ひろゆきさんは、加藤さんの著書である『借金ナシで始めるアパート経営』（ぱる出版）を読んだのがその存在を知るきっかけでした。「こんな少ないお金で不動産投資ができるのか」と衝撃を受け、行動する勇気をもらいました。

吉川英一さん（左）と加藤ひろゆきさん（右）とワタクシ

その後、加藤さんのブログ（https://plaza.rakuten.co.jp/investor101/）の読者になり、ブログのコメント欄を通じて交流させていただけるようになりました。

また、加藤さんはワタクシのペンネームの名付け親でもあります。

「山猿リッチ１０１」という名前でブログを書いていた頃、コメント欄に「そんな利回りの低いものを新築で買って、窓の色とかキッチンの色を決めたくらいで、不動産投資家を名乗るんじゃない」みたいなことを書かれて、落ちこんでいました。

よく、一棟目で成功する人はいないと言いますが、ワタクシもそのパターンで、色々と反省しているところでした。それでも、場所もよく、失敗ともいえないですし、自分ではそこそこがんばったと思っていたので、そんなことを書かれてショックでした(笑)。

加藤さんはそんなプチ炎上しているワタクシのブログに立ち寄ってくれて、「君には力強い名前が必要だ」と、名前を募集するプチイベントを立ててくれました。

吉川英一さんが出してくれた「ホタルイカ王子」など、たくさんの候補の中で決定したのが、「大日本☆越中ふんどし王子2０2」です。現在は短くして「大日本☆ふんどし王子」と名乗っています。

「ふんどしは文才がある」と言って、不動産投資のポータルサイトのコラムを書くことを推薦してくれたのも加藤ひろゆきさんでした。

コラムを書いたことで本の出版のお話をいただき、本を出したことで講演のお話も舞い込むようになりました。富山の田舎者の世界を広げてもらいました。

お二人にしてもらったように、自分も若い投資家の力になりたいと思っています。

1）ブログを書こう

ワタクシが吉川英一さんや加藤ひろゆきさんの存在を知ったのは、お二人が長い間、ブログを書かれていたからです。

お二人は書籍も出されており、そちらの影響ももちろん受けていますが、大きかったのはブログを長く読ませていただき、時々コメント欄で交流させてもらったことです。

文章には人柄が出ます。それはこちらが人の文章を読む時もそうですし、相手の方がこちらの文章を読む時もそうです。

ブログを書いている方と会うと、「あぁ、イメージ通りの人だな〜」と感じる場合と、「良いこと書いてあるけど会ってみるとなんか違うなぁ」と感じることがあります。

そういう意味で、ブログを通じて「尊敬できる人だな」と感じる先輩大家さんがいれば、実際にお会いするために、セミナーに行って話しかけてみるなど、交流してみるといいと思います。

まだブログを書いていない方には、ぜひ始めて見ることをおすすめします。

ブログ意外にも、ツイッターや音声配信のスタンドｆｍといった方法で情報配信をすることもできます。情報も人脈もアウトプットの量に応じて増えていくものです。

自分にあったやり方でぜひ挑戦してみてください。

2）セミナーに行く前に、講師の本やブログを読んでいこう

ワタクシは多くのセミナーに参加してきました。

メンターのセミナーだけでなく、面白そうと思うものは積極的に参加しました。

そこで、セミナーをより有効に生かす方法を伝授します。

まずは、下準備です。ワタクシはセミナーの講師の方がブログやコラム、本などを書いている場合、セミナー前に出来る限り目を通します。

すでに書いてあることを講師がセミナー中に強調した場合、そこは「大事な部分」ということなので、太字でメモをとります。初めて聞くことばかりだと、どこが大事なのかわかりません。

セミナーは知識を高めるために参加しますが、講師の方の雰囲気や立ち振舞いなどを見て、この方も「実際に存在している人間なのだ」とリアルに感じることも目的の一つです。

「あの人に出来るのなら、自分にも出来る！」と思えればこっちのものです。

今は不動産投資のノウハウは出尽くした感があるので、「知識」そのものよりも、そ

れを活かすマインドやコツの部分が、さらに大事な時代かと思います。

そのためにも、本やコラムで下準備をしておくと、講師が何を言っているか理解できるので、一つ上のレベルで受講することが出来ます。

当たり前ですが、知らない「言葉」があると、話の内容を理解できません。

例えば、ワタクシには縁がないと思いますが、会社を上場させたければ、上場するための言葉を学ばなくてはいけません（多分、その場にいてもチンプンカンプンです。（笑））。

不動産投資に近いところでいうと、アパート建築の際には建築用語を理解しなければ、現場の方と詳細な打合せや交渉は出来ません。

ワタクシもまだまだですが、洗練された物を作るには多くの事を知る必要があると思います。


セミナーの話に戻りますが、受講中のリアクションは大きくすることをオススメします。些細なことでも大きく笑い、大きく驚き、興味深いことは「うん、うん」と頷いてメモを取ります。

オンラインセミナーも増えていますが、ここでもどんどんチャットやQ＆Aを使って講師に質問していいと思います。

そして終了後は講師のツイッターやブログに感想を書き込みましょう。

アイドルのライブは、アイドルが一人でステージを作り上げるものではなく、観客とともに盛り上がりながら、完成させるものです！　不動産投資のセミナーだって同じだと思います。

もちろん、講師自身が面白いことや、興味深いことを言って盛り上げるのが一番の使命ですが、受講者のテンションで講師のポテンシャルを引き出すことも大事だと思います。

講師側に立って気がついた事ですが、良いリアクションをしてくれた方には、サービスしたくなります。また、顔を覚えているので、懇親会でもお話しやすくなります。

逆に寝ていた人も目立つものです（笑）。

ワタクシがセミナー講師をして驚いたのは、自分より成功されている方ほどリアクションが大きく何か吸収しようという意識があったことです。

成功者の方はよく、「ＴＴＰ」（徹底的にパクるの略）の重要性を語ります。

自分と同じ状況か、自分よりも悪い状態からリカバリーして、実績を残された方の真似をすれば最短距離を走れると思います。

学ぶは、「まねぶ（学ぶ）」と「まねる」の同じ語源からきています。

真似して学び、自分のモノにしたら磨き（M）をかけます。つまり、「TTP－M」（徹底的にパクって磨く）ことが大事です。

そうすることで、その人のオリジナルの成功法則が作られるのだと思います。

世の中には、こっそりパクって自分の手柄とする方もいらっしゃるようですが、オリジナルの方は必ず気がつきます。

そこは爽やかに「参考にさせていただきます！」と伝えて、成功したら恩返しをするスタンスが良いと思います（真似をするにも節度はあると思います）。

本来、参考にされることは名誉なことで嬉しいことなのですが、相手に嫌な思いをさせるのはもったいないことです。

自分としては「情報を発信する人に情報は集まる」と、最近確信したので、これからも惜しみなくドンドン発信していきたいです。

3）背景の似ているメンターを選ぼう

メンターを決める時は、自分と似ているバックボーンの人を選ぶのが大切だと思います。

会社員の人はサラリーマン大家のメンターを見つけて、自営業の人は自営業で不動産投資している人を見つけましょう。

地主さんはゼロから始める系やボロ戸建投資よりも、地主系の勉強会の方が得るものは大きいと思います。

今は本当にたくさんの投資手法があり、勉強会がありますので、行く前に「自分はどこを目指すのか」「やらないこと、やりたいことは何か」を決めていかないと、パワーのある人に影響を受け、軸がズレてしまうかもしれません。

その人が単なる講師ではなく、実践者として優秀なことも重要だと思います。

2 マスターマインドで仲間と成長する

マスターマインドとは、二人以上の、同じ願望や目標を持った人間の集まりのことです。

その中の人たちの間で行き交う、波長の合った思考やバイブレーションのことをマスターマインドと呼ぶこともあります。

スピリチュアルの世界では、偉大な力を発揮した人たちはたいてい「マスターマインド」の協力があったといわれているそうです。啓発本としては、ナポレオン・ヒルの「思考は現実化する」や、「引き寄せの法則」などが有名です。

ワタクシは工場で働いているときと、不動産投資家の仲間と過ごす時間とでは、同じ時間でも得られる情報の密度が何百倍も違ったと感じています。

そしてワタクシは、成長できる方にいる時間を増やしました。

1）成長を実感できると人生が面白く感じる

人生はロールプレイングゲームのようなモノだと誰かが言いました。同感です。

ワタクシの場合、『金持ち父さん　貧乏父さん』がゲームのルールブックのようなモノでした。

その後、社会に出て、色々なステージを経験してきました。今もまさに、自分という主人公のレベル上げに励んでいる最中です。

自分の成長を実感できた時、人の脳は報酬を受け取ります。その快感を求めて、ワタクシは不動産投資を始めたり、本を書いたりしているのかもしれません。

そして、このことは、会社を辞めたことにも関係があります。

最初の章にも書きましたが、会社を辞めた時にワタクシがしていた仕事は絵にかいたような単純労働でした。

他のラインでは、同じ仕事をロボットが担当していました。

なんとか仕事の中に面白みを見つけようとしたのですが、下手に工夫すればラインが止まります。日々の生産数は決まっていますから、止めた分だけ仕事は溜まっていきます。

言われたことを真面目にやっていれば、特に怒られることもなく日々が過ぎていきました。

つまり、工場にいる一日8時間、ワタクシは成長を実感できませんでした。

ブラック企業のようにサービス残業もありませんし、パワハラのようなプレッシャーを感じることはありませんでした。人によっては最高の職場かもしれません。

ただ、時間の切り売り感が半端なく、それが苦しかったです。

また、楽しい仲間はたくさんいましたが、目指す方向は違いました。

逆に言えば、面白く何かに取り組むには、自分の成長を実感できること、自分が目指す方向の参考になる人がいることがカギになるのだと思います。

2）仲間と一緒だと成長が加速する

マスターマインドの力を説明するわかりやすいたとえ話があります。

カマスという獰猛な肉食の魚を入れた水槽を用意します。そこに小魚を入れると、カマスはバクバク小魚を食べます。

次に、そのバクバク食べている水槽に透明の板を1枚入れて、カマスが小魚に近づけないようにします。

すると、カマスは、透明な板にガンガンガンガンとしばらくぶつかった後で、小魚に近づくのをやめます。

そして、落ち着いた頃に透明な敷居を取ると、もう小魚に近寄れるのに、カマスは食べようとしません。

カマスの中に、「小魚はもう食べられないんだ」というマインドブロックがあるからです。

しかし、そこに新しいカマスを入れて、そのカマスが小魚を食べ始めると、他のカマスたちも小魚を食べ始めます。

これを「カマスの法則」というそうです。

板を外されたのに気づかなかったカマスと同じで、人間は、本当は自分にできることを、無理だと思っていることがあります。

もうひとつ、「サーカスの象」という話をします。

子どものころに足に鎖を付けられ、抜けない杭を打たれて育った子象がいました。大きくなってサーカスの象になったその象は、今も子供の頃につながれていた細い杭に結ばれていて逃げようとしません。

抜こうと思えば簡単に抜ける杭なのに、子どもの頃に抜けなかった記憶があるので、もう引き抜こうとすることさえしなくなったのです。

この象は、この杭は自分の力では抜けないという「マインドブロック」にかかっています。

人間も、「お前にできっこない」と言われて育った人は無意識に自分の限界を決めていることがあります。

「サラリーマンがアパート経営なんてできるはずがない」と最初に相談した銀行で言われて、それを鵜呑みにした人は、やる気がなくなるかもしれません。

もし、一人では乗り越えられそうにないなら、仲間を作って、マスターマインドの力を借りるといいと思います。

サーカスに繋がれた象の横に、野生の象が走っていたら一緒になって走っていくことでしょう。

会社の同僚といつも付き合っていれば、そこでは不動産を持っていないことが当たり前ですが、不動産投資のグループに入って自分以外のみんなが物件を持っていなければ、持っていない方が珍しいという感覚に変わります。

そのうち、朝起きて歯を磨くことと同じように「不動産を持つのが当たり前」と思える日が来ます。

そして、同じグループの一人が買えるとみんなが買えるようになったり、一人が融資に通ると、みんなも融資が通ったりするのです。

ですから、同じような資産規模の仲間を作って、切磋琢磨していくと、一人で努力するよりも急激に伸びていきます。

ワタクシが「高卒製造業」というプロフィールを大きく公表しているのは、それが誰かのマインドブロックを外すかもしれないと思うからです。

高卒の人でも出来るんだ！　大卒の人なら、高卒の人でも出来たのに出来ない訳がない！

中卒の人なら、もう少し頑張れば行けるレベルだ！　などです。

ワタクシにもできたのですから、あなたにもできます。

3）人に与えると仲間が増える

ブログやコラム、ツイッター等で情報発信していると、全国に仲間ができます。

ブログ等を読んでいると、初めて会った方でも共通の話題があるので、あっと言う間に仲良くなり、とても盛り上がります。

知り合いの知り合いは知り合いなのです。

仲良し自慢をしたいわけではありません。私が言いたいのは、仲間と一緒だと、成長が加速するということです。

不動産業は情報産業です。頭脳の数が増えれば、入ってくる情報も増えます。

安い土地、良い管理会社、腕のいい建築会社、補助金の情報、積極的に融資をする金融機関、かっこいいリフォーム・・・etc。逆に、工期を守らない建築会社、不義理な不動産会社、管理が悪い業者・・・。

「知っている」と「知らない」だけで、とんでもなく差が広がる業界です。情報が命といっても過言ではありません。

そうは言っても、「情報のため」に仲良くなるという人は嫌われるかもしれません。自分は何も提供せずに、情報だけ欲しいような「クレクレ君」はいけません。特定の誰かを言っているのではなく、自分自身そうならないように戒めを込めて書いています。

がつがつせず、きょどきょどせず、楽しく話して仲良くしていたら、情報が集まった。・・・そのくらいがいいのではないでしょうか。

ワタクシはコミュニケーション能力が高いと言われることがありますので、気を付けていることを書いてみます。（無理にマネをする必要はありません）。

「手土産を持っていく」

「いろいろ物件など見せてもらったらガソリン代を払う」

「食事代を支払う」

初対面の方には、上記のような点を心がけています。

お金は受け取ってもらえない事もあるかもしれませんが、本気で出す誠意は伝わりますし、ささやかな手土産は喜ばれます。

また、尊敬できる投資家の方が出版したり、イベントを開催したりすれば、まっさきに購入し、イベント開催のお手伝いをします。

どうやったら成功されている方の役に立つだろうか？　と考え、行動し続ければ「見どころのあるやつだ」「可愛いやつだ」と思ってもらえるかもしれません。

ワタシは宴会の席で、盛り上げ役としてふんどし一丁で踊ることがあるのですが、これもサービス精神の一環です。

滑ったときはトラウマになるくらい落ち込みますが、辞めるつもりはありません（笑）。

何を言いたいかというと、何かしら「提供しよう」と心掛けてきたのです。

小さな気遣いができる人、いろいろ頑張ってくれる人には情報や人が集まると思います。（自分の負担にならない程度にしましょう）

自分が実際に受けた経験からすると、本業がペンキ屋の友人（ペンキ屋ペンちゃん）が、「無償でやりますので、いろいろ勉強させてください！」と言って、シャッターなどを本当に無料で塗ってくれました。

別の友人のポールさんは、ワタシが思いつきで買ったボロ物件に自腹をきってリフォームをして、客付までしてくれました。

そこまでしていただいたら、全力で応援するしかなくなります！

人間は与えた恩は覚えていて、受けた恩は忘れがちです。

そんなわけで、与えた恩は岩に水をかける気持ちで流し、受けた恩は岩に刻み込むようにと心掛けています。

4）飲み会を盛り上げるなど、自分にできることをしよう

お金持ちと一緒にいるときは、「お金持ちだから、お金は払わなくていいや」と思うのではなく、「お金持ちさんなのに、僕の相手をしてくれてありがとうございます」と気持ちよくお金を払うことが大事だと思っています。

お金でなくても、どうすれば喜んでもらえるか？　を考えて行動することが大事です。自分が得意なことや、できることでいいと思います。

飲み会の幹事をするとか、パソコンが得意ならアドバイスするとか、ペンキを塗るとか、そういうことでも喜んでもらえます！

このようなことを書くと、相手に媚を売っているとか、下手に出ているなど、勘違いされることもあるかもしれません。誤解されやすい繊細なテーマです。（これまで、感覚的に行ってきたことですし、文章であらわすのは難しいですね）。

それと、注意点ですが、お金持ちだからといって、上から目線の方や、自分のことを利用してやろうと考えている方とは付き合う必要はありません！

物件も、メンター（師匠）になる方の目利きも大事だということです。

ワタシはいいご縁に恵まれてここまでやって来ました。これからも奢らずに楽しい人間関係を築いていきたいと思います。

加藤ひろゆきさんもおっしゃっていましたが、中学校、高校時代など部室でダラダラ話している時間はとても楽しかったです。大人になった現在、そんな時間を全国の投資仲間と共有できるのがなによりうれしく、楽しいです。

コミュニケーションは最高のエンターテイメントであり娯楽です。

つまり、豊かに生きるには、経済的余裕と仲間が大事！　ということです（サラリーマンの給料だけでは不可能でした）。

というわけで、全国のどこかのセミナーや交流会でお会いしたときは、よろしくお願いします！

第5章

これからの日本は「貨幣（おカネ）」経済から「信用（ヒト）」経済へ

大人になったワタクシは、自分がとても恵まれていると感じています。

その理由は、「お金に困らない暮らしができる」ことも大きいですが、人間関係などのお金以外の資産を持っていることも影響していると思います。


世の中に出回るお金の総量は毎年増え続けています。

ここ数年、政府はお金をじゃんじゃん印刷し、マイナス金利なども導入して、「銀行はみんなにもっとお金を貸して下さい！」という政策をとっていました。

これは、どんどんお金の価値が下がっているのと同じことです。

この先も日本中（世界中）でお金がどんどん増えれば、お金で買えるものは少なくなっていきます。

相対的にお金の価値は下がっているのです（購買力の低下）。

そんな時代に大切になってくるのが、お金以外の資産なのだと思います。

特に、コロナ禍においては顕著にその傾向は強まっています。

1 人生を豊かにする資産はお金だけじゃない

ある不動産がありました。融資がジャブジャブついた時期は価格が高騰して、融資が付きにくくなったら価格が下がりました。

これは、不動産の価値が変わったのではありません。

融資がジャブジャブついたときは、お金の価値が下がっていて（インフレ）、融資がつかない時期は、お金の価値が上がったのです（デフレ）。

ワタクシが安く買った富山の不動産を売りに出したところ、東京の投資家さんが高く買ってくれました。満室経営や、外壁塗装などバリューアップはしていましたが、融資が付かなければキャピタルゲインは狙えません。

ワタクシが得た利益は、利回りとお金の価値が下がっている（融資がつきやすい）東京と、東京より利回りが高く、お金の価値が高い（融資がそれほどつかない）富山との差額ということです。

物件の価格は融資の額で決まると言っても過言ではありません。

1）健康資産

猪木さんではないですが、元気があればなんでもできます。健康は一番わかりやすい資産でしょう。

過去、タバコとパチンコに依存していた時期がありましたが、今はもう卒業しました。

タバコはアレン・カー氏の『禁煙セラピー』（ロングセラーズ）という本を読んだら、それほど苦労せずに辞められました。

パチンコは不動産投資を始めたら、そちらの方が面白いので足が遠のきました。タバコは物質が見えるので辞めることを理解しやすいですが、パチンコは精神依存なので、タチが悪いと思いました。

楽しかった場面もありましたが、今思えばお金がもったいなかったですし、何より時間の無駄だったと思います。（今、パチンコが好きな人も、ある程度のキャッシュフローになると、パチンコ自体に興味がなくなると思います）

自分がそうだったので、パチンコにハマっている人を見ても「ダメな奴だ」なんて思いません。

逆に、「パチンコに夢中になる時間とお金とエネルギーがある」ことは、その人の可能性だと思いますし、その情熱を別のことに向ければきっと小金持ちになれるので、頑張ってほしい！　できればスロットのレバーを叩くのではなく、トンカチと釘をもって収益物件を叩きましょう（笑）

タバコとパチンコを辞めたことで、体調も良くなりました。体調がよくなると勉強もはかどりますし、行動範囲も広まります。

よく、ビジネスエリートは運動を欠かさないといいますが、それは健康資産を増やすことが、ビジネスにも有効だと感じているからだと思います。

ちなみにタバコとパチンコへの依存は脱しましたが、アルコールにはどっぷりはまっています（汗）。仲の良い友達などと飲む時は、二日酔いで次の日をダメにしてしまうことも多いので、このあたりも改善していけたらと思います。

さらに、会社員時代は現場で体を動かしてカロリーを消費していましたが、現在はそうではありません。ですから、同じだけ食べるとドンドン太ります。

仕事をやめて10キロ以上太りました。今後は、運動やスポーツを積極的に取り組んで行きたいです。

こう言い始めて2年が経ちましたが、いまだに同じ悩みを持っています（笑）
ねっ？　ワタクシって普通の人でしょう？（笑）

2）時間的資産

「タイムイズマネー」といいます。

ワタクシは会社を辞めてから、圧倒的に自由な時間が増えました。

基本的に、24時間自分の時間です。お給料はなくなりましたが、その代わりに得た時間的資産は莫大です。

退職願を出すには勇気が必要でした。退職前に書いてみたら「これを提出すればオレは会社を辞めて良いんだ！」という事に気が付いて、ハッとしました。

同じ会社で14年間働いていたので、そんな事も忘れていました。

そして、これから得られるであろう「時間的資産」の量と価値にワクワクし、脳の活性化と視野の広がりを感じました。

ワタクシは自分のセミナーでは「マインドブロックを外していきましょう」と喋っていますが、自分自身、まだまだマインドブロックが外れていなかったと認識しました。

日本には我慢することが美徳であるとか、意見を言うことはワガママであるという風潮があります。自分だけ人と違うことをやるのは、なかなか勇気がいるものです。

だからといって、皆と同じように漠然と過ごしていると、住宅ローンや車などで大きな借金を背負うことになりがちです。

子どもの教育費や老後への蓄えなども、かけようと思えばキリがありません。

そして、いつの間にか身動きが取れなくなり「自由」がなくなってしまいます。

ワタクシは幸い、早い段階でそのことに気づきました。

自宅も車も中古ですし、田舎の生活コストも知れています。

会社を辞めるまでは給料の中で生活を組み立て、会社に行かなくていいわずかな時間の中で自分のことをする毎日でした。

そんな、会社ありきの人生から抜け出し、自分の思いを軸に生きられる毎日に、満足しています。


サラリーマンは、時間的資産を会社に売って、お金を得ているともいえます。

大切なことなので何回も言いますが、「時間イコール命」です。

命を懸けて仕事をしていると言えば格好いいですが、それは本当に命を懸けたいような仕事でしょうか？（答えがイエスならそれは幸せなことです）。

そして何より、望むと望まないにも係わらず命を懸けて会社に向かっているという事実を、自覚するべきだと思います。

どうせ懸けるなら、自分の意思でベットしていきたいですね。

ボーっとしていると奪われるばっかりです。

3）人的資産

人間関係も資産です。最も大切な資産だと感じます。

メンターや仲間たちはもちろん、相性のいい業者さんもありがたい資産だと思います。

以前、人とのご縁が資産につながるわかりやすい経験をしました。

物件価格が高騰していた2018年に、業者さんからの紹介で利回りが20％以上ある中古アパートを購入できました（含み益一千万円）。

これは、先輩投資家である加藤ひろゆきさんの真似をして、仲介会社の担当者さんに謝礼を渡すことを心掛けていたためだと思います。

当時、ワタクシに物件を紹介してくれた仲介さんは若手でした。

ですので、ちょっとした謝礼でも嬉しかったと思います（ワタクシがそうなのでわかります）。そして、ワタクシは結果的に、いい物件を「紹介したい人」になれたのでしょう。

相手から見て、①好きな客、②買える客、③面倒くさくない客になれると、情報が回ってくると感じます。

また、仲介の担当者さんも6年が経過して出世していました。

自分からは何も言わなかったのですが、仲介手数料の請求書を見てみたら、「オーナー割引」として値引きしてくれていました。

驚きましたが、その後、夜の街に飲みに繰り出したのは言うまでもありません。

成功されている方は大きな「縁」をもっていると感じます。（もちろん、金銭的なメリットの話だけではありません）。

そんなわけで、大入り袋とはいきませんが、これからもお世話になった仲介さんには謝礼を渡していこうと思いました。

2 貨幣経済から信用経済へ

お金とは、信用を数値化したものです。

例えば結婚式や葬式では、人徳のある方に多くの人やご祝儀（お香典）が集まります。自分では気づいていませんが、自分もこれまでの人生において「信用」を増やしたり、減らしたりしながら生きています。

なじみの八百屋さんがトマトを安くしてくれたのは、自分の信用にお金を払ってくれたことと同じなのだと思います。

これまでの時代は「現金」を持つことが豊かさでした。

お金を信用と考えると、貯金とは「信用を稼ぐ」ための手段だったということです。

しかし、変化の激しい時代、テクノロジーや制度でお金を調達する方法は増えています。

例えば、プレゼン能力を身に着け、良い企画を作ればクラウドファンディングで資金調達をすることが出来ます。

貯金には「我慢」とか「守り」というイメージがあります。

誰でもまじめにやれば貯金を増やすことはできますが、利息以上の広がりはありません。

何を言いたいかと言うと、これからの時代は、信用を増やすことが豊かさに直結していくということです。

信用残高が多い人は、困ったときに助けてくれる人も多いでしょう。

お金がなくてもお金持ちと同じ生活ができれば、お金持ちと同じです。

日本は何でも自己責任というのが強すぎで、人に頼ることが悪いとか、恥ずかしいという文化があります。

自立自立というよりも、困っている人が居たら助けてあげて（手を差し伸べて）、自分が困った場合には助けてもらう方が健全だと考えています。

貯金の残高を気にすることも大切ですが、自分の信頼残高を意識することは、もっと大切だと思います。

1）悪い人が叩かれ、「良い人」が成功できる時代に

昔の自分は、お金持ちは「悪いことをしている」と思っていました。

もしくは力の強い人や部下を恫喝して従えさせる人、交渉術で相手を意のままに操るような人が成功して、お金持ちになると思っていました。

現在はSNSが発達したことなどから、ブラック企業などが叩かれるようになりました。

国としても、コーポレートガバナンスやコンプライアンスの遵守など、理不尽なパワハラやセクハラに対しては厳しくしていく方針となり、減ってきたと思います（コロナ禍で再燃しないか心配です・・・）。

つまり、悪い人（コト）は叩かれ、「良い人（コト）」が成功できる時代になりました。

これまでのサラリーマンはずる賢い人や、おべっかを使う人が出世していました。

もちろん、一気には変わりませんし、今後も変わらない部分もあるかもしれません。

しかし、インターネットやスマホの広がりで、一人ひとりがブロックチェーンのようになり、他人の評価に影響を与えられるようになりました。

誰かが自分を陥れようとしたら、他の信頼できる人がフォローすることで、策略を防ぐことができます。

それどころか、陥れようと企てた人がバラされて、信用が失墜します。

狭いコミュニティの中で蓋をされていたものが、インターネットによりオープンになって来ました。

他人からの評価で、個人の信頼を担保するような時代となったのです。

何事も行き過ぎると「評価」から「監視社会」となり息苦しい世の中になりますが、他人に見られているかもしれないという危機感や、ネットに晒されるという抑止力はプラスにも働いていると思います。

ちなみに、日本は凶悪犯罪が増えていると思われがちですが、統計では年々犯罪件数は減っています。マスコミは不安を煽ったほうが視聴率が取れるので、ネガティブなニュースを多く流します。

それを鵜呑みにするのではなく、ファクト(事実)を知ろうとすることが重要です。

犯罪が減っているのに防犯グッズがよく売れるのは、防犯業界の策略かもしれません。

もちろんワタクシのアパートもオートロック、防犯カメラ付きにしています(笑)。

何を言いたいかというと、「良い人」が成功できるいい時代に向かっているということです。

堂々と、「良い人」として成功を目指しましょう。

２）「黄金の一言」を得るために人との出会いに投資する

ワタクシはここ10年くらいで、全国のセミナーや大家の会、出版記念の応援などにかなりのお金を使いました。年間１０００万円として、１０００万円くらいは使ってきたように思います（ほぼ飲み代です）。

その結果、多くの著名な不動産投資家さんと仲良くさせて頂き、可愛がってもらい、アドバイスや「黄金の一言」を頂きました。

セミナー参加や懇親会などでも、尊敬している先輩大家さんなどから「黄金の一言」が聞けることがあります。

それがマインドや基本的な考えなら、知ることによって大きな失敗を避けられます。進む方向が間違っていたら、小手先の手段や手法でリカバリーすることは出来ません。

例えば、「戦術の失敗は戦略で補うことが可能だが、戦略の失敗は戦術で補うことはできない」という非常に重要な一説を、ワタクシは飲み会の席で教わりました（笑）。

また、成功されている方たちと話すとマインドや佇まいを自分に取り入れていきたいという気持ちになります。

その結果、物件を見る目やデザインやアイディアなどが蓄積してき、選球眼が鍛えられたと感じています。

遊んでいるように見えて「自己投資」となっていました。

これを結果論と呼びます（笑）。


全国に遊びに行く言い訳に聞こえるかもしれませんが、人との出会いに使うお金（交際費）はどんどん使っていいと思います。

金は天下の回り物なので、循環させないと意味がありません。

ピケティさんの「r〉g」ではないですが、小作人さんが地主さんにお金を支払ってばかりで、地主さんがお金をせき止めたら、小作人さんは苦しむばかりです。

地主さんは小作人さんに還元しなければ、いずれ一揆にあううでしょう。

綺麗事ではありませんが、二宮尊徳さんのいう「道徳なき経済は罪悪であり　経済なき道徳は寝言である」をたまに思い出すことが肝心だと思います。

儲かれば良いとか、自分だけが良ければ、自分の一族だけ良ければとは考えずに、地域にとって良いとか、社会的に良いとか、国的に良いとか、抽象度を上げて考えていくことが大事ではないでしょうか。

ワタクシもサラリーマンを卒業し、ダラダラしていましたが、人生100年時代と考えると、まだ3分の2も残っています！

一方で、不慮の事故などで人間はいつ死ぬかわかりません。

自分の人生は筋が通っていたといえるような軌跡を辿りたいものです。

信用と、稼ぐ能力、お金の知識（マネーリテラシー）を鍛えて、変化の激しい時代を乗り越えていきましょう。

3 個人でマネタイズが容易な時代

信用をお金につなげていくといっても、何をすればいいかわからない、という人も多そうです。

そんな人は、何か変わったことをしようと考えずに、得意なことを換金することから始めてみたらいいと思います。

現在は、社会人として必要とされる知識レベルが上がっています。

これまでは、労働集約型の仕事が多くありました。

例えば金型に材料を載せてボタンを押して、プレス×一日中というような仕事が多くありました（箱詰め、検査、測定、出荷、そうワタクシの仕事がこれでした）。それで一人前の大人でした。

そして、家に帰ってテレビでプロ野球を見ながらビールを飲むのです。

そんな労働集約型の働き方がなくなってきました。そして、稼ぎも悪くなっています。

政府と資本家たちが持っていくので、可処分所得が減っているのです。

時代は労働集約型から資本集約型となり、現在は知識集約型の労働にシフトしていると感じます。

まさに、パラダイムシフトです！

これからは、総合職や専門性のないぶら下がり社員など、「なんでもない人」が苦労する時代になると思います。

多くの仕事は機械化、ＡＩ、クラウドに置き換わるからです。

５科目80点を取れる人より、１科目１０００点取れる人になることが大切だと思います。


ワタクシは、量子コンピューターも使えませんし、ＡＩも活用していませんし、プログラムも組めませんし、ビックデータとかわからないですし、もっといえば、電話の仕組みすら理解していません。

しかし、不動産投資というニッチな分野で経験を積み、一定の知識を得ました。

それでも、まだまだ専門性は低いと考えています。

また、ブログを10年以上も続けてきたことで、文章を書く筋力のようなものがつき、原稿料をいただいてコラムや書籍を書かせてもらうようになりました。

ノリで始めたセミナーも、やってみると楽しく、参加者の方にも喜んでもらえるため、続けているうちに、けっこうな講師料をいただけるようになりました。

工場で働いていたときに比べたら、時給は数十倍に上がっていると思います。

自慢したいわけではありません。

誰にでも、人より秀でた何かがあると思います。特技を見つけて伸ばしていくことを、まずは目指してみたらいいということです。

1）得意を換金しよう

マネタイズの内容は、別にお金儲けに関わることでなくても、いいと思います。

子育てのベテランの方に、「3才のイヤイヤ期を親も子供も楽しく過ごす方法」を教えていただけるなら、ワタクシもぜひ聞きたいです。

カブトムシの繁殖方法など、ニッチな分野も面白そうです。

ワタクシはクラウドファンディングに挑戦し、250万円以上を支援してもらったことがあります。今は無料のツールとスマホを使って、色々なことができる時代です。

例えば、スカイプやZOOMを使ってオンラインの相談室などを開けば、離れた場所にいる相手にサービスを提供することができます。

文章を書くのが好きなら、Note（https://note.mu/）を書いてみて、有料化するのもいいと思います。

この本の前半では不動産投資でお金を増やす方法を紹介していますが、これからの時代は自分の持つコンテンツをネットとうまく組み合わせることで、豊かになる人も増えると思います（You Tuberはこの代表ですね）。

自分の得意なことを生かして、楽しい方法で信用を積み上げていく。そしてそれが収入にも結び付く、という流れができれば理想的です。

2）コミュニティ（オンラインサロン）を作ってみる

ワタクシはブログやコラムで日々、アウトプットに励んでいますが、同時にインプットすることもかなり意識しています。

例えば、ニューズピックス（https://newspicks.com/）の有料会員ですし、キングコング西野さんのオンラインサロンにも入っています。不動産投資の勉強会も、北陸不動産投資支援会、富山のサンデー毎日倶楽部のメンバーです。

節操がないといわれてしまいそうですが、どの会からも学ぶところが多いため、顔を出しています。

そこで思ったのは、「小さくても良いので、トップに君臨する場所を作った方がよい」ということです。そこで、オンラインサロンを作ることにしました。

会費は無料で、ワタクシのセミナーに出た事があるとか、クラファンで応援してくれた人などが対象です。

オンラインでの交流だけでなく、ワタクシのメンターである吉川英一さんの実家を譲り受けたので、そこを改造し、セミナーや交流会を開くことにしました。

リフォームも労働力投入祭りとしてイベント化し、仲間と一緒に行いました。

リビングに本棚を作ってみんなが読み終わった本を並べたり、軽トラや工具をシェアしたり、DIYの手伝いをしあったり、様々なことをしています。

①自分自身が人前で話すこと（それによって話す能力を開発する）と、情報のシェア（行動の報告会とかモチベーションが上がる）

②その状況を撮影してオンラインサロンメンバーだけに流す（You Tubeにも流す動画を別途考える）

③セミナー料はお布施形式（投げ銭形式）でいくらでもOK。電気代など運営費を引いて、講師に全部渡す。

色々な計画を立てて、少しずつ実行しています。

まだオンラインサロンは本格的には展開していませんが、2020年はセミリタイアしたグッチ（子だくさん）を講師に迎え、セミナーを開催できました。

今後は、セミナーに参加した当初はお金がなくて1000円しか払えなかったけど、このサロンに参加して行動したらお金持ちになって1万円（10万円でも！）払えるようになった！　みたいな会にしていきたいですね。

最終的には会場の物件も、素人のＤＩＹレベルから古民家再生レベルにして、県外の人が訪れたい不動産投資のメッカにしようと思います。

目的としては、ワタクシを含む、なんでもない普通の人が豊かに生きる方法をみんなで模索することです！

ワタクシのメリットだってもちろんあります。

・会場にする物件が再生された。
・講師を呼ぶことにより情報が集まり、自分も豊かになる。
・メンバーで貧困家庭（特に子供がいる系）から脱却していく人を見て嬉しい気持ちになれる（予定です（笑））

あと、鍋とバーベキューとジビエもします。再生現場を動画撮影して、You Tuber

デビューするのもいいですね。

変なユーチューバーがいても、You Tubeが悪いわけではありません。胡散臭いオンラインサロンがあっても、オンラインサロンが悪いわけではありません。プラットフォームというか、仕組みに良し悪しはありませんね。扱う人で決まります。

ワタクシはもちろん、まっとうにいきたいと思います！

また、サロンとは別ですが、投資家仲間が保有するソシアルビルを格安の家賃で貸してもらうことにより、Investor Loungeというバーを開くことが出来ました。投資家同士の交流、情報交換をする場として活用していきたいと思います。

富山県にお越しの際はぜひ、お立ち寄りください（Googlemapで検索すると出てきます）。

4 コロナ禍で変わる価値観

サラリーマンにとって、令和の日本の状況はなかなか厳しくなっています。

２０１９年度、上場企業36社の希望退職者の対象人数は１万１３５１人でした。新型コロナの影響を受けた２０２０年は、10月29日時点で上場企業72社が１万４０９５人の希望退職者を募っています。

大手企業に入社すれば安心という時代は終わりです。

終身雇用制度、バラ色の年金暮らしも過去のものとなりました。

前から薄々気付いていたことが確信に変わったのが２０２０年だったかもしれません。

（1）会社は自分を守ってくれない

ワタクシが元勤めていた会社も２０１７年に早期退職者を募りました。

当時、まだ勤め人だったワタクシは、自分も辞めようかな？　と思ったのですが、条件を見ると対象年齢は40歳以上でした。

うちの会社だけでなく、早期退職の対象者は40歳〜45歳以上とされるのが通常です。

子供が大学に進学する時期や親の介護、住宅ローンの支払い時期と重なります。

一番多くお金が必要な時にリストラになるとは、残酷な話です。

自分の会社でリストラが行われた時、管理職や経営者など会社側の人間は責任を取らずにほとんどが残りました。

辞めていったのは、製造現場で真面目に言われたことを忠実に行ってきた方々です。

おかしいと思いました。会社経営のミスは末端社員が割を食う事になるのです。

20代、30代の若者も安心はできません。

自分たちの未来の姿がそこにあるのですから・・・。

また、これから就職を控えている大学生の方々は、就職氷河期を迎えます。

日本学生支援機構の「平成30年度 学生生活調査」によると、奨学金を受給している学生の割合は、大学（昼間部）で47・5％だそうです。

およそ半数が奨学金という名の借金を抱えながら、社会に出るのです。

このような状況では、お金のために、理不尽なことにも耐えなければならないかもしれません。

資本主義社会において、マネーリテラシーを高めないことは文字通り死に直結します。

これまでのサラリーマン生活はゆでガエル状態だったかもしれません。

コロナ禍という熱湯をかけられた衝撃で、目を覚ますチャンスとも言えます。

「会社は自分たちを守ってはくれない」と肝に銘じておく必要があります。

（2）生殺与奪の権利を他人に握らせてはならない

コロナ禍において自殺者は11年ぶりに増加し、2万人を超えているというニュースを見ました。痛ましいことだと思います。

すべてではありませんが、多くは経済的な理由から自死を選ぶ人が多いと思います。

マネーリテラシー（お金の知識）が不足すると不幸になりやすく、また貧困家庭においては、充分な教育資源をかけられずにさらに貧しくなるという、負の連鎖も生まれています。

持続化給付金や、コロナ融資なども自ら動き申請しなければ貰えません。パソコンやインターネットの環境にない方もいらっしゃると思います。

お金があれば幸せになれるとは限りません。しかし、お金があれば避けられる不幸は多くあります。

資本主義社会の現代に生きる我々の問題は、お金で8割は解決出来るのです。

育児ノイローゼになりそうなときは、ベビーシッターや、家事代行サービスを頼むことが出来ます。親の介護疲れになりそうなときも外注することが出来ます。

会社の転勤が悩みの種になっている場合、転勤なしの一般職を選ぶという道もあります。

それによって給料が下がり、出世を諦めることになるかもしれませんが、他に収入があれば生活が悪くなることはありません。

出世や昇進を気にしなくなれば、嫌な上司や納得できない仕事についても、「NO」と言えるようになるでしょう。

知り合いの投資家は1年間の育児休暇を取得しました。勤め先で男性の取得は初だと言っていました。社内の評判を気にしなくてもよくなると、使える権利を堂々と行使できるようになります。

一時期、日本の企業では不正が多くありました。

不正会計や、排ガスの数値、耐久性の改ざんなど、これらはサラリーマンが自らの意志でやった訳ではなく、経営者や上司の命令だったと思います。

住宅ローンを抱えて、家族を人質に捕られた状態では不正に対してもNOと言い辛くなる気持ちもわかります。

中には責任感が強く、罪悪感に苛まれ、自殺される方もいます。会社やお金に、自死を選ぶようなそこまでする価値はありません。

弱っているときは、正常な判断ができなくなります。本当にダメになる前に、逃げ出すことも大事だと思います。


「逃げるは恥だが、役に立つ」

不動産投資でセミリタイアした人たちだって、会社に残っている人から見たら、出世争いから逃げ出した弱虫、みんなで頑張り続けることから逃げ出した卑怯者かもしれません。

いろいろ言う人は、自分が会社に残っているのに、「外に出た人が幸せ」であると、会社に居続ける自分を正当化できないので、都合が悪いのです。誰にどう言われようと、関係ありません。

自分の命、そして心を守ることが最優先です。そして元気が出たら、また動き始めればいいのだと思います。

経験して思うのは、働く、働かないを自分で選べるのはとても幸せなことです。


生殺与奪の権利を他人に握らせてはいけません。

人生の主導権を、自分に取り戻しましょう。

おわりに

最後までお読みいただきありがとうございます。

コロナ禍で、世の中の常識は一変しました。かつてない変化の時代を生きています。

そして、まだ正しい答えを知っている人はいません。

その中でマネーリテラシーが高い人と、低い人の格差が大きく広がっています。

世界有数のお金持ち国である"ジャパン"において、コロナ禍における対策費用が少ない政府の動きに不満はありますが、他国の状況を見るとまだマシなのも事実です。

また、持続化給付金や事業再構築補助金、コロナ融資などお金の知識がある人にとっては大きなチャンスとなっています（どれも自分から申請をしなくては貰えません。ここでもマネーリテラシーが必要です）。

不平不満を言っていても現状は良くなりませんし、人間は生まれながらにして平等ではありません。

平等であれば、自分が福山雅治さんのような顔じゃないのはおかしなことです（笑）

生まれや育ち、容姿など、身体的なスペックは選べません。

しかし、顔は福山雅治さんとは全然違いますが、ワタクシは、五体満足で現代の日本人として生まれてきた時点で、宝くじに当選しているのと同じだと思っています。成人して本を買うお金と、本を読める能力があるだけで世界では上位数%です。

そんな宝くじ当選組の日本人も、子供の頃から大人になるまで「お金の教育」を受ける機会はありません。

金融資本に触れてみて思うのは、資本主義社会で資本家を目指さないのは、超学歴社会で勉強をしないのと同じということです。ハンデを負うことになります。

それを知った上で資本家を目指さないという道もあると思います。

しかし、その前提を知らなければどちらに進むかを選ぶこともできません。その結果、社会に翻弄されてしまいます。

逆に言うと、資本主義社会では正しい知識と、正しい行動をすれば豊かになれます。

最初は理解出来なくて当たり前ですし、理解しても行動に結び付けられないかもしれません。

お金の勉強は、座学で教わって出来るような類ではなく、体験して訓練してやっと出来るようになるものです。

ワタクシも道半ばですが、ようやく少しずつ、わかってきたところです。

そして、人はお金だけでは幸せになれないこともまた、事実です。

人間は、社会的な生き物です。ハーバード大学が75年に渡って724名の人を追跡した研究『What makes a good life? Lessons from the longest study on happiness』によれば、人生を幸せにするのは「良い人間関係につきる」ことが明らかになっています。

その点、ワタクシは人に恵まれているなあと感じます。

正直、メガ大家さんや、バリバリ不動産業をやっている方に比べると、大した資産規模ではありません。それでも十分、今の暮らしに満足しています。

ワタクシには全国に楽しい仲間がたくさんいます。

同じ志を持ち、利害関係もなくフラットな付き合いは、とても居心地が良いものです。コロナが落ち着いたころ、全国にまた出かけようと思います。

昔の自分は、コンプレックスがたくさんあり、他人の目が気になり、ビクビク何かに怯えていました。

自分の考えは間違っているのではないか？　失敗したら、どうしよう？　人と違うことをして馬鹿にされるのではないか？　そんな事を考えて、ビビっていました。

でも、23才のあの時、恐れながらも不動産投資に一歩足を踏み出して良かったです。

収入だけではなく、自分の成長や仲間と出会えたことが一番の宝物です。


振り返れば、いつだってキッカケは小さいものです。

小さな気づきや、小さな行動、小さな出会いが今の自分を作っています。

亡くなった祖父の「無駄遣いせずに、しっかりお金を貯めておくように！」という言葉を今風にアップデートするならば、「お金の勉強をしよう！　投資をしよう！　そして資産を手に入れよう！」です。

ここまでお読み頂いた読者の皆さんは、資産というのは有形資産、無形資産があること理解されていると思います。

コロナ禍では、その両方が大事であることが知れ渡りました。

飲食店などは大きなダメージを受けましたが、「ファン」という無形資産が多くいる店は、クラウドファンディングなどで支えられました。

給料が減った方は、収益物件という有形資産の有難みを再認識したと思います。

リーマンショック、東日本大震災、コロナ禍においても「家賃」は安定的に収益をもたらしてくれました。
本書をきっかけに、読者の方がお金の勉強をスタートさせ、日々の生活の中で活かしていただければ、とても嬉しく思います。

最後に、ごま書房新社の池田雅行社長様、編集長の大熊さん、なかなか筆の進まないワタクシに、粘り強くお付き合い頂き編集を担当してくれた加藤浩子さんには、大変お世話になりました。ありがとうございます。

いつもアドバイスをくれるサンデー毎日倶楽部の投資仲間や、切磋琢磨してきた若手大家のメンバー、特に世界一周旅行やInvestor Loungeの経営に付き合ってくれたポールさんには感謝しています。

素晴らしい寄稿をしてくれた洗練された5名の投資家仲間にも感謝です！　ワタクシ自身、とても勉強になりました。

子供の頃の自分は、友達の持っていた玩具が羨ましかったですが、その分、今は息子と一緒に合体ロボットで遊んでいます。

新型コロナが流行る前の2019年には、念願だった両親への北海道旅行もプレゼントできました。

お金はとても便利な道具です。お金が足りないことや、お金に囚われて大事なことを見失うなど、お金についての悩みはとても辛いものです。

しかし、自分と、周りの皆の笑顔に役立つのもまたお金です。

お金の奴隷になるのではなく、お金の主人となって付き合っていきましょう。

いつも自由な自分を見守ってくれる最愛の妻に最大限の感謝を込めてペンを置きます。

皆様の大成功を心より祈願しております！

2021年2月　家族と和気あいあいの自宅リビングにて

ふんどし王子

〈最後に・・・
ふんどし王子「最近の活動」報告〉

●地方創生、空き家活用！「令和の寺子屋（仮）」を設立

サラリーマンを卒業してからの活動ですが、世界一周旅行のあとは全国各地で不動産セミナーを実施しました。コロナ禍においてはそれをウェブセミナーに置きかえ、直近では200名の方にご参加いただきました。

また吉川英一さんのご実家を購入させていただいたものの、リフォームが先延ばしになっていました。そこでコロナで県外へのセミナー予定がキャンセルになった時間を使い、投資仲間や労働力投入が可能な入居者さんと一緒に改造しました。

皆で集まれる場所にしたかったので、8畳と10畳の和室と、縁側までをぶち抜いた（大事な柱は残して）セミナー会場を作りました（笑）。おかげで30名は余裕で入れる広さとなりました。

セミナー終了後、懇親会を含めたバーベキューをしたのですが、とても楽しかったです。今後とも、不動産投資家育成道場のような、お金の知識を身に着けることができる「寺子屋」にしていきたいと思います。

ただし、富山でも山奥なので来るのには気合が必要です（笑）。機会がある方は遊びに来てくれたらと思います。これが流行りの地方創生、空き家活用です。

どこで遊ぶかより、「誰と遊ぶか」という時代ですし、駅前でも嫌々な飲み会は遠いですが、会いたい人や、楽しい会は距離が遠くても、気持ち的には近く感じるのではないでしょうか。

★空き家を活用したセミナー会場
https://www.spacemarket.com/spaces/8wzc5u1bl-qjnwsp/rooms/66FagWF3_MJlu3af/

●飲みに来るとお金持ちなる!? BAR『Investor Lounge』のオープン

オープンした場所は、知り合いの投資家さんが保有しているソシアルビルで、6万円で募集していた場所を、お友達価格の4.5万円で貸していただくことが出来ました！（インターネットで賃貸契約書のひな型をダウンロードして直接契約）

水道とごみ処理費用も無料です。富山県で一番の繁華街である桜木町でこの条件は破格です（ビルのオーナーもお店が綺麗になり、資産価値が上がったと喜んでくれました）。

商売の基本は「損益分岐点をいかに抑えるか」だと考えています。赤字でもキャッシュフローが回っていれば潰れませんが、黒字でも現金が枯渇すると破綻してしまいます。毎月の固定費を下げると、長く商売を続けることが可能です。

自分で店を開いてみるという経験から、多くの学びを得られました！ 食品衛生責任者の受講、飲食店の許可申請など、一度やっておくと理解が深まります。また、これまでの不動産知識も役に立ちました。

またコロナが来る直前のオープンだったのですが、感染予防協力金を市から受け取ることが出来ました。しっかりとした手順で開店していてよかったです。


「飲みに来るとお金持ちなるBAR」をコンセプトに運営していこうと思います。ちなみにポールさんも「家賃を半分払う！」と言ってくれたので、損益分岐点は更に下がりました（笑）。

今後の活用ですが、場所貸しや、YouTubeなどの動画撮影、ミニセミナーの開催など、新しいチャレンジをしていこうと思います。特に繁華街の昼間は静まり返っており、コインパーキングの値段も8時間で500円というレベルです。

昼間の勉強会や、結婚式のあとの2次会までにぽっかり空いた時間などに活用してもらうのも面白いと思っています。

アパート経営など、通常の不動産投資も行っていきますが、新しい不動産の活用も考えていきたいと思います！

●Stand.fmやClubhouseなどの新たな発信活動！希望者に向けた『俺メニュー』

コロナにより直接会うことが難しくなったことで、Stand.fmやClubhouseが不動産投資界でも流行っています。音声メディアは「ながら」で活用できるので隙間時間にはぴったりです。

ワタクシもふんどし王子の名前でやっているので、Stand.fm（インターネット上のラジオ）を聞いてみてください。

★『ふんどし王子チャンネル』
https://stand.fm/channels/5fb710d0c646546590284d1e

不動産投資や生き方の相談者も増えたので、最近では希望者に向けて、WEB面談（名称：『ふんどし王子の俺メニュー』（笑））などのサービスも不動産活動の傍らで行っています。

★『ふんどし王子の俺メニュー』
https://docs.google.com/forms/d/1RuA0neOCLSL_mtp5W2KpOYSwr7279Q9skJdf0IYiR4M/viewform ? edit_requested＝true

著者略歴

ふんどし王子（ふんどしおうじ）

1985年富山県生まれ。ブログなどで通称『ふんどし王子』として活躍中の35歳・元工場勤務サラリーマン。2018年に14年間勤務した会社を退職し、セミリタイアを達成。サラリーマン卒業旅行としてビジネスクラスで世界一周旅行を敢行した。

中学3年生の時、兄に借りた『金持ち父さん・貧乏父さん』を読み、お金持ちになることを決意する。卒業後、地元の大手自動車メーカー系列の企業に就職。昼夜問わずの交代勤務の現場で働きながら1カ月に10万円ずつ貯金する。

しかし、金融ショックで株・FXで300万円以上を損失。その後、手堅い不動産投資の勉強を開始。2009年、24歳の時に100万円を元手に2,500万円の2世帯住宅を新築し、不動産投資を開始。その後、中古アパート、マンション区分を中心に買い進め、さらに、高利回りのガレージハウス、65万円の廃墟戸建て、倉庫等、ボロ物件への投資を行う一方、新築戸建てと新築アパート等の資産性の高い案件にも着手している。

2021年3月現在、アパート6棟（32室）、戸建5棟などの不動産投資により、家賃年収は約2,700万円となっている。著書に『高卒製造業のワタシが31歳で家賃年収1750万円になった方法！』（ごま書房新社）がある。

・ふんどし王子ブログ　https://plaza.rakuten.co.jp/yamaie/
・ふんどし王子連載コラム（不動産投資と収益物件の情報サイト『健美家』）
https://www.kenbiya.com/column/fundosi/

最新版
100万円以下の資金で夢ツカモウ！
「家賃収入」で若くしてセミリタイア&
「豊かなジンセイ」を勝ち取る方法！

著　者　ふんどし王子
発行者　池田 雅行
発行所　株式会社 ごま書房新社
〒101-0031
東京都千代田区東神田1-5-5
マルキビル7F
TEL 03-3865-8641（代）
FAX 03-3865-8643
編集協力　加藤 浩子（オフィスキートス）
カバーデザイン　堀川 もと恵（@magimo創作所）
印刷・製本　創栄図書印刷株式会社

ISBN978-4-341-08784-5 C0034